T0407384

LA RESPONSABILIDAD SOCIAL Y SU IMPACTO EN LAS ORGANIZACIONES

LA RESPONSABILIDAD SOCIAL Y SU IMPACTO EN LAS ORGANIZACIONES

Autores:
Dra. Nora Hilda González Durán
Dra. Edalid Álvarez Velázquez
Dr. Lázaro Salas Benítez
Mtro. Arturo Muñoz Camacho
M.I. Federico Gamboa Soto
Dr. Javier Guzmán Obando

Número de Control de la Biblioteca del Congreso de EE. UU.:   2021917458
ISBN: Tapa Dura   978-1-5065-3853-2
               Tapa Blanda   978-1-5065-3852-5
               Libro Electrónico   978-1-5065-3851-8

Para realizar pedidos de este libro, contacte con:
Palibrio
1663 Liberty Drive, Suite 200
Bloomington, IN 47403
Gratis desde EE. UU. al 877.407.5847
Gratis desde México al 01.800.288.2243
Gratis desde España al 900.866.949
Desde otro país al +1.812.671.9757
Fax: 01.812.355.1576
ventas@palibrio.com
833556

ÍNDICE

Introducción vii

Capítulo 1   La Responsabilidad Social en las Empresas
              una estrategia de Marketing o una Realidad 1

Capítulo 2   Impacto del COVID En Las Microempresas
              Comerciales de la zona Centro en Tuxpan,
              Veracruz... 33

Capítulo 3   Responsabilidad Social Empresarial del
              sector farmacéutico de Tuxpan, Veracruz............... 55

Capítulo 4   Creación de valor social de la PyME y sus
              stakeholders a partir de la Responsabilidad
              Social Empresarial Estratégica 77

Capítulo 5   Diseño de estrategias para las unidades de
              producción de bagre de canal en la Zona Sur
              del Estado de Tamaulipas 103

Introducción

El presente trabajo es una recopilación de las investigaciones realizadas por el cuerpo académico de la Facultad de Ingeniería de la Universidad Autónoma de Tamaulipas, en conjunto con la Facultad de Contaduría (Campus Tuxpam) de la Universidad Veracruzana. En estos trabajos de investigación se aborda principalmente el tema de la Responsabilidad Social y su impacto en las Organizaciones.

De todos nosotros es bien sabido que la economía de nuestro país no está pasando precisamente por su mejor momento y aunado al problema de salud mundial que se tiene desde finales de 2019, ha causado estragos en las organizaciones, por lo que es digno de reconocer aquellas empresas que siendo socialmente responsables han mantenido sus plantas laborales, sus inversiones programadas (a veces algo recortadas) y han decidido enfrentar con sus clientes y trabajadores dichas fuerzas negativas que los están presionando.

Con la finalidad de salir adelante y cumpliendo con su compromiso social, alguna organizaciones, de acuerdo a las investigaciones presentadas, han implementados diversas estrategias comerciales que les permitan seguir adelante, esto puede apreciarse por ejemplo en los capítulos 2 y 3 de este libro. Así como también han diseñado algunas otras acciones que les han permitido sobresalir del resto de las organizaciones y mantenerse en la competencia.

Finalmente usted podrá apreciar que, de acuerdo a los contenidos de los diversos capítulos presentados, las empresas independientemente de su tamaño, han hecho esfuerzos extraordinarios para seguir operando, aun sin el apoyo de los distintos niveles de gobierno en nuestro país, lo que les ha valido el reconocimiento de la sociedad, ya que sin empresas no hay empleos, sin empleos no hay flujo de efectivo ni bienestar para las familias y, sin flujo de efectivo no hay desarrollo económico y social.

Atentamente,

Los Compiladores.

Capítulo 1
La Responsabilidad Social en las Empresas una estrategia de Marketing o una Realidad

Dra. Nora Hilda González Duran
Dr. Juan Antonio Olguin Murrieta
M.I. Federico Gamboa Soto
Dr. Julio Cesar Barrientos Cisneros

LA RESPONSABILIDAD SOCIAL EN LAS EMPRESAS UNA ESTRATEGIA DE MARKETING O UNA REALIDAD.

RESUMEN.

Este es un estudio descriptivo que se realizó en las micro y pequeñas empresas ubicadas en la zona sur del estado de Tamaulipas. La importancia que tienen este tipo de empresas en cuanto al empleo que generan y a su aportación al Producto Interno Bruto (PIB) nacional es de 17.1% en términos reales en el trimestre abril-junio del 2020 respecto al trimestre precedente con cifras ajustadas por estacionalidad esto lo que nos dice es que estamos teniendo un retroceso. La investigación se hizo con empresas que estuvieran afiliadas a la Cámara Nacional de Comercio ubicada en Cd.Tampico. Se buscó determinar la forma en que estas empresas hacen su publicidad utilizando la responsabilidad social como estandarte, además de saber cuáles son los criterios utilizados para determinar el medio a utilizar, la cantidad de dinero destinada a esta actividad, la duración de la campaña publicitaria y la manera en que se mide la efectividad de la publicidad en dichas compañías. Entre los resultados que se obtuvieron están el que el medio más utilizado es el que incluye folletos, volantes y que el medio menos usado es la televisión, debido a su costo. Aunque también es de mencionarse que una gran mayoría de los empresarios no efectúan una evaluación de la publicidad que realizan.

ANTECEDENTES.

Tamaulipas es un estado con un amplio desarrollo económico en las áreas de la petroquímica, educación, comercio y servicios. El desarrollo se viene dando de manera natural con los apoyos dados en el área de comercio y servicio por la Secretaria de Economía a través de fondos para PyMes que esto se ha constituido como una herramienta de apoyo para los empresarios. Un dato importante del Instituto Nacional de Estadísticas Geográficas, las MYPYMES constituyen el 99.8% de las unidades económicas del país, generan al 34.7% de la producción total, contribuyen con el 73% de los empleos y tienen en particular importancia para la economía nacional.

En la Zona Sur de Tamaulipas los empresarios cada día se enfrentan a problemas en sus ingresos por ventas, la mayoría de ellos se encuentran endeudados y buscando inversionistas para crear alianzas comerciales o buscando apoyos a través de Secretaria de Economía. En esta investigación nos pudimos dar cuenta que el empresario de la zona cree que la publicidad o el uso de estrategias de mercadotecnia son un gasto y no lo ve desde la perspectiva de una inversión o costo a recuperar. Ante esta problemática nace una pregunta ¿Cómo te das a conocer y que tipo de publicidad manejas ante tus clientes? y otra pregunta sería ¿Cómo doy a conocer a mis clientes sobre la responsabilidad social que la empresa hace? Así como los compromisos que adquiere la empresa con la sociedad para protegerlos ante cualquier situación o cambio como por ejemplo la pandemia que se suscitó en este año 2020 COVID-19 pero ese sería tema para otra investigación.

Se plantean los siguientes objetivos:

Objetivo general

Analizar el uso de la Responsabilidad Social como estrategia de Marketing en las empresas MyPymes.

Objetivos específicos

- Saber la opinión que tienen los propietarios de micro y pequeñas empresas respecto a los beneficios de la publicidad en sus negocios.
- Conocer los criterios aplicados para seleccionar los medios de comunicación usados para su publicidad.
- Analizar los criterios usados para determinar los montos asignados al rubro de publicidad.
- Definir los criterios que se utilizan para medir la efectividad de la publicidad que realizan.

Descripción del problema

El mundo no es tan estable como era ayer y lo será menos mañana. Operar un negocio pequeño va a ser más difícil en el futuro, a menos que se tomen las decisiones adecuadas que permitan un buen manejo del negocio pequeño y mediano. Hoy en día ya no sólo es necesario el trabajo duro sino también hacerlo de manera inteligente. Para lograr triunfar deberán continuamente revisar la validez de los objetivos del negocio, sus estrategias y su modo de operación, tratando siempre de anticiparse a los cambios y adaptando los planes de acuerdo a dichos cambios.

Quienes crean empresas pequeñas lo hacen desconociendo las escasas probabilidades de supervivencia que tienen si no se hace un buen uso de los recursos que manejan (Spenta,2007).

En los últimos años, incluso a las empresas mejor dirigidas les ha costado trabajo mantener, ya no elevar, su nivel de beneficios.

Según un estudio realizado por economistas de la Universidad Nacional Autónoma de México (Lefcovich,2009) demuestra que "el 50% de dichas empresas quiebran durante el primer año de actividad, y no menos del 90% antes de cinco años. Según revelan los análisis estadísticos, el 95% de estos fracasos son atribuibles a la falta de conocimiento y de experiencia en la dirección de empresas de la persona que lleva las riendas del negocio" y es aquí en donde recae el meollo del asunto, que los empresarios están cada vez menos dispuestos a invertir en publicidad ya que consideran que es un gasto, ya que el importe destinado a publicitar su negocio o hacer estrategias de marketing es un porcentaje que se encuentra atado al nivel de ventas. Entonces, si las ventas aumentan entonces realizan estrategias de marketing, pero si las ventas bajan, la publicidad tiene el mismo destino. Grave error.

Planteamiento del problema

- ¿Qué opinión tienen los propietarios de las MyPEs respecto a los beneficios de realizar estrategias de marketing y como seleccionan los medios de comunicación que usan, así como la responsabilidad social?
- ¿Cómo determinan el monto que invertirán en las estrategias de marketing y cómo miden la efectividad de la misma?
- ¿Qué opinión tienen sobre la responsabilidad social como uso en la empresa?

Justificación

Esta investigación se realiza con la finalidad de estudiar las prácticas de hoy en día en el mercado de las micro y pequeñas empresas respecto a la responsabilidad social, busca conocer la opinión que tienen los propietarios de dichas empresas de la publicidad, el modo en el que la llevan a cabo y los medios de comunicación que utilizan para darla a conocer, y aunado a esto, identificar qué porcentaje de empresas llevan a cabo una evaluación de resultados que obtienen de su publicidad y la manera en la que estos resultados son medidos.

El presente documento busca de igual manera hacer partícipes a los dueños y gerentes de negocios dando parte de sus experiencias a lo largo de su trayectoria como empresarios y al finalizarse ser presentado a cada uno de ellos demostrando las bondades que puede traer el uso de la publicidad para dar a conocer su negocio.

El alto índice de quiebras de pequeñas empresas durante el primer año de vida de la misma, obedece en un 45% a la falta de publicidad capaz de difundir a los consumidores la existencia y beneficios que ofrece la misma; gran parte de esto debido a la actitud renuente de los administradores a "gastar" en publicidad o en su defecto, en el poco capital que se designa a ella (Revista Pregonero,2009).

Hoy en día se debe resaltar que la publicidad ha dejado de ser un gasto para convertirse en una herramienta, una inversión con la cual los recursos aplicados tienen una tasa de retorno que puede llegar a 75 por ciento (Revista Mercados,2008)

Resulta un tema importante ya que la gran mayoría de las empresas que se encuentran establecidas en la zona e incluso en nuestro país caen en ésta categoría de PyMES y son el sustento de muchas familias de la región, y lo que se busca es dar solución y una alternativa que los propietarios podrían implementar dentro de su negocio acerca del uso adecuado de la publicidad y los recursos que el marketing ofrece en beneficio y crecimiento de su propia empresa.

Puntos a investigar

- Opinión acerca de la publicidad
- Criterios utilizados para determinar los montos asignados a publicidad.
- Criterios aplicados para seleccionar medios de comunicación.
- Criterios utilizados para medir la efectividad de la publicidad.

Delimitaciones del problema

- Esta investigación analizará el uso y la inversión en publicidad de una muestra de empresas comprendidas en la Zona Sur de Tamaulipas en específico en la de Ciudad de Tampico. Se dependerá sustancialmente del apoyo que se obtenga de las empresas investigadas

ENFOQUE TEÓRICO.

Concepto de MyPE

Para comenzar a hablar del tema de investigación que se expondrá en las páginas siguientes debemos comenzar por definir el concepto de MyPE.

MyPE corresponde a "Micro y Pequeña empresa". Las MyPE´s han existido desde siempre y han constituido el principal componente de las economías de los países. De ahí que en tiempos recientes el gobierno decide apoyarlas para permitir que se desarrollen y en consecuencia el país crezca.

Cuando se analiza la estructura económica de cualquier país encontramos la coexistencia de empresas de distinta envergadura. Asimismo cuando analizamos sectores determinados en los países encontramos el mismo fenómeno, es decir que de ello podemos determinar que la dimensión de una empresa no está relacionada con un sector de actividad específico, ya que no existe una actividad donde inevitablemente las empresas deben tener una dimensión dada para funcionar, tampoco existen países o economías dados que exijan un determinado nivel de actividad para que se conforme una empresa.

De lo anterior es que podemos concluir que en algunos lugares existen sectores más productivos que otros, actividades que cuentan con ventajas comparativas frente a otros países, pero en todos encontraremos empresas pequeñas, medianas y grandes.

Adentrándonos más en el concepto de MyPE encontraremos que su definición parte del criterio que toma en cuenta la cantidad de trabajadores con la que cuenta, ya que para ser considerada "micro empresa" la entidad debe contar con entre uno y diez trabajadores. Y para que una empresa entre en la categoría de "pequeña empresa" deberá contar con entre diez y cincuenta trabajadores.

Según el Sistema de Información Empresarial Mexicano, una MyPE "Es la unidad económica constituida por una persona natural o jurídica, bajo cualquier forma de organización o gestión empresarial contemplada en la legislación vigente" (www.siem.gob.2010)

Publicidad

La publicidad se ha convertido en un elemento totalmente intrusivo y omnipresente hoy en día. Hay pocos lugares en el entorno social cercano de las personas que no estén impregnados de indicaciones para comprar un producto o servicio particular.

La publicidad constituye un concepto lo suficientemente amplio como para incluir casi cualquier cosa. El cartel escrito a mano que aparece en el escaparate de una tienda anunciado "se dan clases particulares", los folletos distribuidos por las cadenas de supermercados que muestran sus ofertas, los anuncios clasificados que aparecen en los periódicos, el anuncio de una bebida refrescante o el de un nuevo modelo de coche que se transmite por televisión, e incluso los carteles electorales que muestran la imagen de un político durante la campaña electoral, todos ellos son ejemplos de publicidad. Por lo tanto, la publicidad adopta tantas formas como productos o servicios de venta, pues es un medio importante de estimular las ventas en un mundo orientado al consumo.

Según (Kotler,2010) se considera publicidad a "cualquier forma pagada de presentación y promoción no personal de ideas, bienes o servicios por un patrocinador que se identifica".

Según la American Marketing Asociation (2010) la publicidad consiste en "la colocación de avisos y mensajes persuasivos, en tiempo o espacio, comprado en cualesquiera de los medios de comunicación por empresas lucrativas, organizaciones no lucrativas, agencias del estado y los individuos que intentan informar y/o persuadir a los miembros de un mercado meta en particular o a audiencias acerca de sus productos, servicios, organizaciones o ideas".

Por lo tanto y partiendo de las definiciones anteriores, llegamos a la conclusión de que la publicidad es una forma de comunicación impersonal y de gran alcance que es pagada por un patrocinador identificado (ya sea empresa lucrativa, organización no gubernamental, institución del estado o persona individual) para informar, persuadir o recordar a un grupo objetivo acerca de los productos, servicios, ideas u otros que promueve, con la finalidad de atraer a posibles compradores, espectadores, usuarios, seguidores u otros.

Objetivos de la publicidad.

Una de las principales tareas que se debe realizar al momento de formular una campaña publicitaria, es la de fijar los objetivos que tendrá la publicidad. Este punto llega a ser de crucial importancia debido a que el mensaje que se utilice durante la campaña, los medios que se empleen, el presupuesto que se le destine y la evaluación que se realice, girarán en torno a los objetivos que han sido previamente fijados.

En términos generales, la publicidad tiene dos tipos de objetivos:

- Objetivos generales
- Objetivos específicos

Los objetivos generales, se clasifican según el propósito de los objetivos(Kotler,2010) en su libro "Dirección de Marketing, Conceptos Esenciales" propone los siguientes tres tipos de objetivos:

1. Informar:
   Este es un objetivo que se planea alcanzar en la etapa pionera de una categoría de productos, en la que el objetivo es crear demanda primaria. Por ejemplo, los fabricantes de DVD tuvieron que informar en un principio a los consumidores cuáles eran los beneficios de su tecnología.
2. Persuadir:

Este objetivo se planifica en la etapa competitiva, en la que el objetivo es crear demanda selectiva por una marca específica.

3. Recordar:
Este objetivo es aplicable cuando se tienen productos maduros. Por ejemplo, los anuncios de Coca-Cola tienen la intención primordial de recordar a la gente que compre Coca-Cola.

Los objetivos específicos son mucho más puntuales. Stanton, Etzel y Walker (2011) autores del libro "Fundamentos de Marketing", proponen los siguientes objetivos:

1. Respaldo a las ventas personales: El objetivo es facilitar el trabajo de la fuerza de ventas dando a conocer a los clientes potenciales la compañía y los productos que presentan los vendedores.
2. Mejorar las relaciones con los distribuidores: El objetivo es satisfacer a los canales mayoristas y/o minoristas al apoyarlos con la publicidad.
3. Introducir un producto nuevo: El objetivo es informar a los consumidores acerca de los nuevos productos o de las extensiones de línea.
4. Expandir el uso de un producto: El objetivo puede ser alguno de los siguientes: 1) extender la temporada de un producto, 2) aumentar la frecuencia de reemplazo o 3) incrementar la variedad de usos del producto.
5. Contrarrestar la sustitución: El objetivo es reforzar las decisiones de los clientes actuales y reducir la probabilidad de que opten por otras marcas.

Beneficios de la publicidad.

1. Sea cual sea el tamaño de la empresa, casi toda la publicidad más bien toda tiene como propósito principal vender.

2. De la mano con lo anterior, se deduce que un buen sistema publicitario puede convertirse en un instrumento útil para apoyar competitivamente el crecimiento económico de la empresa y a su vez esto es posible gracias a la información que se le entrega a las personas sobre la disponibilidad de nuevos productos y servicios razonablemente deseables, y mejorando la calidad de los ya existentes.

3. La publicidad mantiene constantemente informada a la población y les da herramientas para que puedan tomar buenas decisiones cuando llevan el rol de consumidores y al mismo tiempo se está estimulando el progreso económico de la empresa, el sector comercial y el país a través de la expansión de los negocios y del comercio.

4. Por lo tanto, una publicidad bien llevada representa una situación de ganar-ganar para ambos miembros implicados en el proceso, es decir, gana el consumidor y gana la empresa.

Medios de comunicación

Los medios de comunicación son el canal que las empresas, apoyadas por publicistas, utilizan para transmitir un mensaje determinado al público al que desean dirigirse, por tanto, la elección del o de los medios de comunicación a utilizar en una campaña publicitaria es una decisión de suma importancia porque repercute directamente en los resultados que se obtienen con ella.

Por lo tanto, es necesario conocer cuáles son los diferentes tipos de medios de comunicación, en qué consisten y cuáles son sus ventajas y desventajas, con la finalidad de que se puedan tomar las decisiones más acertadas al momento de seleccionar los medios que se van a utilizar.

Antes de comenzar a definir los diferentes tipos de medios de comunicación es necesario aclarar que para efectos de ésta investigación no se tomaron en cuenta medios de comunicación como cine, street marketing, la publicidad directa y los medios alternativos, ya que debido a su alto costo resulta lógica la deducción de que una micro o pequeña empresa no podría permitirse el hacer publicidad mediante alguno de dichos medios, por lo tanto únicamente se desglosarán los medios de comunicación masivos que son los que éste tipo de empresas suelen utilizar.

Medios de comunicación masiva

En muchas ocasiones, las estrategias publicitarias se centran en medios masivos de comunicación, por tanto, quien tiene el poder de manejar los medios tendrá el poder de manejar a la opinión pública según sus propios intereses.

Según Laura Fischer y Jorge Espejo (2012), los medios masivos de comunicación "son aquellos que afectan a un mayor número de personas en un momento dado y son también conocidos como medios medidos".

Pasando al desglose de cada uno de los medios tenemos los siguientes (Kotler,2010)

- Periódico: Es un medio visual masivo ideal para anunciantes locales.
  Ventajas: Flexibilidad, actualidad, buena cobertura de mercados locales, aceptabilidad amplia, credibilidad alta.
  Desventajas: Vida corta, calidad baja de reproducción, pocos lectores del mismo ejemplar físico y no es selectivo con relación a los grupos socioeconómicos.

- Televisión: Es un medio audiovisual que permite a los publicistas desplegar toda su creatividad porque pueden combinar imagen, sonido y movimiento.

Ventajas: Buena cobertura de mercados masivos; costo bajo por exposición, combina imagen, sonido y movimiento, atractivo.

Desventajas: Costos absolutos elevados, saturación alta, exposición efímera, menor selectividad de público.

- *Radio:* Es un medio "solo-audio" que en la actualidad está recobrando su popularidad ya que según Lamb, Hair y McDaniel (2010), escuchar la radio ha tenido un crecimiento paralelo a la población sobre todo por su naturaleza inmediata, portátil, que embona perfecto con el estilo de vida acelerado que vive la sociedad actual.

  Ventajas: Buena aceptación local, selectividad geográfica elevada y demográfica, costo bajo.

  Desventajas: Solo audio, exposición efímera, baja atención (es escuchado a medias), audiencias fragmentadas.

- Volantes y folletos: Son impresos de un número reducido de hojas que sirven como instrumento divulgativo o publicitario.

  Ventajas: Bajo costo, forma de distribución variada (punto de venta, buzoneo, repartición en vía pública).

  Desventajas: Baja atención, baja selectividad de público.

- Anuncios espectaculares: Es un medio visual que se encuentra en exteriores o al aire libre.

  Ventajas: Flexibilidad alta, exposición repetida, bajo costo, baja competencia de mensajes, buena selectividad por localización.

  Desventajas: No selectivo en cuanto a edad, sexo y nivel socioeconómico, no tiene profundos efectos en los lectores, se le critica por constituir un peligro para el tránsito y porque arruina el paisaje natural.

- Carteles: **Materiales gráficos capaces de transmitir un mensaje.**
Ventajas: Flexibilidad alta, exposición repetida, bajo costo.
Desventajas: No tiene profundos efectos en los lectores.

Criterios de selección de medios de comunicación para efectuar la publicidad

Una vez que se conozcan los tipos de medios de comunicación que podrían ser utilizados para llevar a cabo una campaña publicitaria que beneficie a la empresa y habiendo analizado las ventajas y desventajas que cada uno de los medios de comunicación ofrece se procederá a la selección de el o los medios adecuados para efectuar la publicidad.

La selección del medio dependerá de las razones por las cuales el empresario necesite hacer uso de la publicidad y en la mayoría de los casos, la lógica será su mejor guía y además deberá tomar en cuenta cuatro factores importantes:

1. - *El objetivo:* Que no es más que el conocer ¿qué es lo que desea obtener y en cuánto tiempo lo va a hacer? Ya que conocer sus metas es necesario y los objetivos de publicidad deben estipularse siempre de manera clara y por escrito siendo siempre realistas y coherentes a la hora de plantearlos, ya que los objetivos deben ser acordes a lo que la publicidad puede lograr.
2. - *Audiencia:* En este punto se debe conocer ¿quiénes son y dónde están las personas a las cuales el empresario desea llevar su mensaje? Es necesario

tener definida cuidadosamente el nicho de mercado al que se quiere llegar.

3. - *El mensaje y la frecuencia:* En este punto deberá conocer ¿qué se desea decir y con qué frecuencia? Es imprescindible que los medios de comunicación que usted seleccione deben proyectar su mensaje de manera efectiva. Nuevamente, será momento de aplicar la lógica para decidir que medio utilizará, para ejemplificar lo anterior se tiene lo siguiente: si usted tiene mucha información que ofrecer será obvio descartar un anuncio de radio de 30-segundos.

4. - *Su presupuesto:* El presupuesto será quizá el factor más influyente dentro del plan de publicidad.

Si la empresa no puede solventarlo no tiene sentido el publicar un anuncio a todo color o un spot en la televisión ya que comprar sólo un spot en televisión no es una compra efectiva puesto que diversos estudios han revelado que los consumidores deben estar expuestos a un anuncio durante repetidas ocasiones para que se pueda llevar a cabo la acción que se pretende lograr con él. El dinero no debe ser el único factor determinante en su decisión y para poder tomarla de manera correcta es necesario tener pleno conocimiento de detalles de suma importancia como el conocer quién escucha la estación, el momento de cada medio y la manera en que el medio se ajusta al mensaje que se desea proyectar.

El empresario no debe olvidar nunca una de las máximas de la publicidad planteada por el experto en marketing (Zyman,2012)

Diga la verdad, dígala toda y dígala rápido.

Medición de la efectividad de la publicidad

Los gerentes siempre han encontrado conveniente comprobar o vigilar lo que se está haciendo para asegurar que el trabajo de él mismo y de otros miembros de la empresa está progresando en forma satisfactoria hacia el objetivo predeterminado por lo tanto es de gran importancia mantener una retroalimentación constante con respecto a su mercado meta y a la publicidad que se está realizando.

De lo anterior se obtiene que la única forma de saber si la publicidad que se está llevando a cabo está funcionado es midiendo su efectividad en función del objetivo que deseas lograr, es decir, el o los objetivos que se plantearon al inicio de la elaboración de la campaña publicitaria.

Responsabilidad social de acuerdo a la página de internet nos dice acerca de la RSE (https://www.visionindustrial.com.mx/industria/desarrollo-organizacional-3027/responsabilidad-social-empresarial)

¿Qué es Responsabilidad Social?

No existe una definición única sobre que es Responsabilidad Social Empresarial (RSE), existiendo una confusión con paternalismo o con filantropía, actitudes dadivosas y generosas de las empresas, pero que frecuentemente no están alineadas dentro de una estrategia, no responden a ningún programa y se encuentran desvinculadas, incluso, del comportamiento que estos negocios guardan frente a sus propios empleados.

La RSE consiste en un comportamiento que voluntariamente adoptan las empresas, que va más allá de sus obligaciones jurídicas, que contribuye al desarrollo económico de la comunidad y de la sociedad en general, mejorando la calidad de vida de las personas y sus familias, y que redunda a largo plazo en su propio interés.

La Responsabilidad Social Empresarial no es una moda, no es algo que pueda ser improvisado o añadido de manera opcional a la empresa, sino que se integra a la planeación estratégica de la misma. Es un conjunto integral de políticas, prácticas y programas que se instrumentan en toda la cadena de operaciones corporativas y en el proceso de toma de decisiones.

Es un concepto que implica la necesidad y obligación de las empresas e instituciones que desarrollan algún tipo de actividad económica, de mantener una conducta respetuosa de la legalidad, la ética, la moral y el medio ambiente.

Las empresas por tanto, no solo desempeñan una función económica, sino además una función social y ambiental, que se valora en diversos aspectos tales como la calidad de vida laboral, el respecto y protección a los recursos ambientales, el beneficio a la comunidad, la comercialización y marketing responsables y la ética empresarial.

Responsabilidad Social Empresarial (CEMEFI, 2015) es el compromiso consciente y congruente de cumplir integralmente con la finalidad de la empresa, tanto en lo interno como en lo externo, considerando las expectativas económicas, sociales y ambientales de todos sus participantes, demostrando respeto por la gente, los valores éticos, la comunidad y el medio ambiente, contribuyendo así a la construcción del bien común.

Una empresa socialmente responsable es aquella que, además de ofrecer productos y servicios de calidad, genera utilidades y empleos y paga impuestos, desafía su creatividad para identificar los problemas que aquejan a su comunidad y propone alternativas para su solución. Es un modelo de trabajo y organización que permite retribuir a la sociedad lo que la empresa "toma de ella". Es la forma de hacer negocio de manera sustentable.

"...prácticas de la corporación que, como parte de la estrategia corporativa, en complementariedad y apoyo de las más importantes actividades empresariales, busca evitar daño y promover el bienestar de "stakeholders" (clientes, proveedores, empleados, fuentes financieras, la comunidad, el gobierno y el medio ambiente); a través de cumplir con reglas, regulaciones y voluntariamente ir más allá de ellas".

Razones para ser una empresa socialmente responsable
La responsabilidad social empresarial es probablemente un reto muy complejo que la gestión empresarial ha de enfrentar, el éxito en este caso radica en la habilidad para prosperar, de una manera responsable, y en trabajar con otros actores sociales y económicos para lograr modificaciones en el sistema económico.

La Responsabilidad Social Empresarial, hoy en día, es un valor agregado y una ventaja competitiva para las empresas. Ya que se vuelven más atractivas para los clientes, para los empleados y para los inversionistas. También puede ser un recurso estratégico para la sobrevivencia de las organizaciones públicas y privadas, convirtiéndose en un beneficio social.

A grandes rasgos se:

Favorece la confianza, el sentido de pertenencia de los empleados, lo cual permite que aumente la disposición hacia el trabajo, que disminuya la rotación de personal y por consiguiente los costos de reclutamiento;
Beneficia la calidad y con ella la satisfacción de clientes. Además, se mejora la imagen de la empresa, lo que

contribuye a mantener la clientela y el acceso a nuevos mercados;

Incrementa el apoyo de la comunidad y de autoridades locales, lo cual facilita el flujo de procedimientos y la seguridad;

Reduce, recicla y reutilizan muchos recursos, permitiéndose así el ahorro de grandes sumas, la recuperación de inversiones y la optimización de recursos.

Todo esto contribuye a la disminución de los gastos, el aumento de la productividad y el logro de las metas de la organización.

Algunas de las razones importantes para ser una Empresa Socialmente Responsable son:

Fidelización de los clientes: Se favorece la imagen positiva que tienen los consumidores y clientes. Lo cual puede renovar el compromiso de los mismos.

Atracción de inversionistas: Mejoran la imagen de empresa ante la comunidad empresarial y de los inversionistas; las empresas líderes son destacadas en los medios de comunicación, incluidos en fondos éticos y recomendadas a los fondos de inversión. Es muy probable que un inversionista se arriesgue en una empresa con un historial negativo en contaminación ambiental, por ejemplo.

Mejora la relación con el entorno e incrementa la influencia de la empresa en la sociedad: Publicar información honesta y precisa, emprender acciones socialmente comprometidas hace que se mejora la imagen de la empresa frente a la sociedad civil y genera nexos que pueden desencadenar en proyectos sociales conjuntos.

METODOLOGÍA.

Esta investigación está siendo presentada en un marco descriptivo, ya que el presente estudio está enfocado en poner de manifiesto, es decir, describir la situación actual de las MyPEs en cuanto al manejo y uso que hacen de la publicidad dentro de la empresa.

Descripción del objeto de estudio.

Para efectos de este trabajo de investigación, se considera como población a las micro y pequeñas empresas de Ciudad Madero, Tamaulipas, tomando en cuenta que no sean sucursales o franquicias de otras empresas establecidas en otros lugares del país o del extranjero.

Población y obtención de la muestra.

El padrón total de empresas registradas en la oficina de CANACO es de **834** empresas y es con esta cantidad que se efectuará la investigación.

Del total de empresas se hizo el cálculo del tamaño de la muestra y se obtuvo un dato de 63 empresas que habría que ser investigadas.

La cifra anterior de empresas que deben ser analizadas se obtuvo de la siguiente manera:

Se manejó un nivel de confianza del 90%, además se estimó una proporción "p" de éxito del 50%.

El desglose del resultado del número de encuestas aplicadas es el siguiente:

N= 834 empresas.

Z= 1.65 para un nivel de confianza del 90%

e= 10% = 0.1

p= 0.50

q= 0.50

Sin embargo, se amplió la muestra a 80 empresas con la única finalidad de obtener una mayor representatividad estadística, justificando esta ampliación con un muestreo por juicio, este método se utiliza cuando el tamaño de la muestra es muy pequeño. En este tipo de muestreo, la muestra se determina con base en el juicio del responsable de la investigación (Fischer,2012)

Dentro de las empresas que serán tomadas en cuenta para llevar a cabo éste análisis existe una gran diversidad de giros, desde tiendas de materiales, ferreterías, talleres mecánicos, talleres de costura, consultorios médicos, comercializadoras, etc…

Como nota importante, se debe aclarar que se seleccionó a la CANACO como universo de trabajo porque es la institución en donde se encuentra la mayoría de las micro y pequeñas empresas registradas oficialmente. Se sabe que existen muchísimas más empresas del tipo de interés que éste trabajo persigue, pero sin embargo no se encuentran registradas en algún tipo de cámara empresarial, por lo tanto, para los fines que se persiguen en ésta investigación, a las empresas que no se encuentran registradas en ningún padrón no se les fue consideradas.

Técnicas de recolección de datos.

Para la recolección de la información será necesario hacer uso de la encuesta como técnica principal para la obtención de información de primera mano y de esa forma establecer un diagnóstico más ajustado a la realidad de las MyPEs. El procedimiento utilizado para la administración de la misma fue cara a cara, de modo que el encuestador leyó las preguntas y rellenó los espacios que el encuestado expresó en cada uno de los casos.

La elección de las unidades muéstrales se hizo con base en criterios ya definidos con anterioridad como son:

- Que se tratara de una micro o pequeña empresa de acuerdo con estándares ya establecidos en México.
- Que no fuese una sucursal de otras empresas ya establecidas en el interior del país o el extranjero.
- Que la empresa estuviera registrada en el padrón de empresas de la CANACO Madero.

La selección de las empresas que conforman este estudio se efectuó a través de un recorrido por las calles y avenidas que comprenden Ciudad Madero tomando en cuenta los criterios anteriormente citados.

Instrumento de recolección de datos.

El instrumento utilizado fue un cuestionario, el cual consistió en una guía de preguntas estructuradas de tipo cerradas, de opción múltiple, y abiertas de tal manera que dicho instrumento permitiera obtener toda la información necesaria de acuerdo a las variables e indicadores establecidos.

Análisis y procesamiento de datos

Hecho el levantamiento de la información de manera completa, se procederá a revisar cada una de las encuestas y a vaciar los datos de cada interrogante en tablas.

Para hacer práctico y fácil el conteo de los datos y para efectos de análisis e interpretación de la información, se vaciarán los datos en una hoja de cálculo de Excel, que se adjuntará a este documento en la parte de anexos. Posteriormente se darán a conocer los resultados y se dará una explicación a fondo de cada uno de los resultados obtenidos en cada una de las preguntas planteadas en el cuestionario.

RESULTADOS.

Ahora bien, una vez realizado el proceso de investigación, analizado e interpretado los resultados obtenidos por parte de los propietarios de las empresas, se concluye lo siguiente:

- De los 80 propietarios de empresas quienes fueron encuestados, 28 personas tienen entre 31 y 41 años, seguido por 23 personas con un rango de edad de entre los 42 a 55 años, mientras que 15 personas tienen más de 56 años y 14 personas son gente que ronda entre los 20 y 30 años. De lo cual podemos extraer que la mayoría de las personas que poseen una empresa en Ciudad Madero ronda entre los 31 y 55 años.
- 38 individuos, que son casi la mitad de las personas encuestadas se encuentran respaldadas por una carrera profesional. Mientras que los niveles de educación primaria y secundaria son los que fueron cursados por 5 y 19 personas respectivamente. Es decir, casi la mitad de las personas que poseen una micro o pequeña empresa son individuos profesionistas.
- De los empresarios encuestados, 48 de ellos cuando se encuentran en su rol de consumidor manifiestan que la publicidad es la herramienta mediante la cual se mantienen en contacto permanente con los productos que se ofrecen en el mercado y los beneficios que de ellos podrían obtener si los adquiriesen. Mientras que los empresarios restantes manifiestan creer entre un 75% y 50% de las veces que la publicidad les es útil para enterarse de los productos o servicios que circulan en el mercado.
- Casi el 40% de los empresarios encuestados manifiestan que el 75% de las veces la publicidad es realista, mientras que un 35% de ellos manifiesta

creer que únicamente la mitad de las veces la publicidad es realista.

- El 36% de las personas encuestadas respondieron creer casi siempre, es decir, el 75% de las veces que la publicidad es sincera, es decir, una gran mayoría de los encuestados manifiestan tener poca confianza en los anuncios publicitarios a los que han sido expuestos.

- Casi el 82% de los empresarios encuestados expresaron creer totalmente que la publicidad si modifica los hábitos de consumo de las personas, pero irónicamente solo el 69% de los 80 empresarios encuestados admite realizar publicidad en su negocio.

- El método más socorrido para llevar a cabo la publicidad en las micro y pequeñas empresas resultaron ser los folletos y volantes con un 30% de mención, seguido por los carteles con un 20%, con un 17% los anuncios espectaculares, seguidos por la radio y la televisión con un 10% de uso.

- Los empresarios no toman en cuenta las ventajas y desventajas que los diferentes medios de comunicación le ofrecen a la hora de hacer su selección, la mayoría de ellos se dejan llevar por el costo que tiene cada uno de los medios siendo éste el factor determinante en su decisión final.

- La mitad de las personas encuestadas manifiestan tener perfectamente delimitado el público a quienes está dirigida su publicidad porque tienen pleno conocimiento de que es lo que venden y a quienes se lo quieren vender.

- Un 78% de los empresarios encuestados respondieron invertir menos de $1,000.00 en publicidad mensual para su empresa, mientras que el 12% restante respondió no gastar más de $3,000.00 en dicho rubro ya que, en ambos casos, dicho monto se asigna mensualmente de acuerdo a las necesidades de la empresa y a como se vayan presentando los hechos día con día, es decir, las micro y pequeñas empresas trabajan de manera reactiva de acuerdo a las situaciones que sus clientes y el mercado les presente.

- De manera fehaciente se encontró que la experiencia de los empresarios y los sucesos que se dan en el día con día de la empresa son los factores clave para tomar todas las decisiones que conciernen al funcionamiento de la empresa en general ya que únicamente el 27% de los propietarios de MyPE´s respondieron tener una planificación que abarque todas las actividades que se deben realizar en la empresa con sus respectivos costos, tiempos y modos.

- Sin embargo, un 98% de los empresarios manifestaron sentir que la publicidad que han realizado para la empresa ha logrado incentivar la acción de compra del público al que ha sido expuesta.

- El 70% de los empresarios manifestaron que hablar sobre la responsabilidad social como estrategia en su publicidad es moda. Ya que es una manera de atraer a sus clientes y que ellos los consideren que aportan algo a la sociedad en cuestión del medio ambiente.

- Las encuestas arrojaron que el 70% de los empresarios no realizan una medición de la efectividad de su publicidad por lo cual tienen nociones de los cambios que el mercado presenta en relación con sus anuncios publicitarios, pero no tienen un registro que pueda comprobar las teorías que ellos se plantean. Mientras que una pequeña minoría manifestó llevar a cabo investigaciones que les permita medir la efectividad de su publicidad, siendo el método de preguntar directamente al cliente el más socorrido por los empresarios; así como el método de incluir promociones dentro de su publicidad y que es medido por la empresa al momento en el que los clientes se presentan queriendo hacer válidas dichas promociones.

DISCUSIÓN.

En base a la información recopilada en éste proyecto de investigación:

- Deberá tenerse un plan de acción preparado con anticipación en el que se detallen los objetivos que desean lograrse en la empresa, así como también se deben estipular tiempos, costos y formas de operar y dicho plan deberá seguirse lo más apegado posible a lo planteado en un principio. Pero como el éxito de dicho plan no depende en su totalidad de las maniobras que el empresario realice, sino que también se ve afectado por factores externos, se deberá tener un plan de reacción con el cual se podrán combatir las posibles fallas del plan original.

- Antes de lanzar una campaña publicitaria, por pequeña que sea, se deberá segmentar, identificar y analizar bien las características y demandas del público objetivo a quienes se destinará la publicidad. Deberá tomarse en cuenta que no todos los públicos reaccionan de la misma manera y que tampoco todos tienen acceso a los mismos canales de comunicación, por lo cual, al identificar y analizar bien el mercado meta tendrán la oportunidad de diseñar mejor sus mensajes, medios, canales y demás estrategias publicitarias.

- Se debe tomar en cuenta que la publicidad entra por los ojos por lo tanto se debe prestar especial atención a las imágenes que conforman la publicidad a realizar pues son dichas imágenes lo que más efecto tendrá durante la atención y recepción del mensaje publicitario.
- El logotipo de la empresa deberá ser siempre sencillo, claro, legible y entendible.
- Para seleccionar el medio de comunicación adecuado para transmitir la publicidad de la empresa deberá analizarse las ventajas y desventajas que cada medio lleva consigo y deberá ser en base a ese factor que se tome una decisión. El factor "costo" es un aspecto muy importante pero no deberá ser nunca el único factor determinante.
- Para que la publicidad sea efectiva ésta deberá ser constante y repetitiva, no basta con lanzar una campaña publicitaria y en poco tiempo dejarla en el olvido, sino que siempre se deberá hacer recordar a los consumidores sobre la empresa y los productos, servicios o beneficios que la organización le ofrece.
- El mensaje publicitario deberá ser siempre veraz y nunca deberá ofrecerse algo con lo que la empresa no cuenta o con lo que no puede cumplir, pues en caso de suceder afectaría de manera grave la imagen de la empresa. Antes de ofrecer algo se deberá estar bien seguro de que realmente se es capaz de cumplirlo y no solo para un cliente, sino que se debe asegurar que la organización es capaz de producir lo suficiente como para poder atender una posible demanda elevada y que podrá hacerse de modo constante.
- Se deberán llevar a cabo investigaciones de la competencia ya que no basta con haber captado la atención del público, debe mantenerse siempre en

la cabeza que todo siempre puede ser mejorado y superado, incluso la propia empresa, porque lo cual es necesario estar atentos acerca de la actividad de la competencia con el fin de mantener contentos a los clientes y establecer una relación comercial con ellos para que continúen siendo clientes de la empresa por mucho tiempo.

- La actividad publicitaria deberá evaluarse de forma constante, para en caso de ser necesario, tener la capacidad de corregir posibles deficiencias y evitar así perder clientes, tiempo, esfuerzo y dinero. Dicha evaluación deberá ser comparada con los objetivos que al inicio fueron estipulados, por ello la importancia de plantear estos objetivos al inicio siendo siempre realistas, alcanzables y medibles en pro de ser mejorados con el único objetivo de convertirlos en beneficios para la empresa.

CONCLUSIONES.

Aunque casi la mitad de los empresarios entrevistados poseen una carrera profesional y la mayoría sí ve a la publicidad como una actividad que les pueda ayudar a incrementar sus ventas, el "hacer la publicidad" no es un trabajo que se realice con suficiente racionalidad.

- Esto significa que la actividad se hace, pero no de una manera planeada. Por lo tanto, si no se planea, tampoco se evalúa. Pueden invertirse pocas o muchas cantidades de dinero, pero no se sabe si se hizo un gasto o una inversión. Esto puede ser grave.
- Por otro lado, un criterio muy utilizado para realizar la publicidad es el del dinero con que se cuenta. En la actualidad este dinero no es muy abundante dado el nivel de ventas que existe, entonces no se puede

dedicar mucho recurso a la publicidad, aunque sea muy conveniente hacerlo.

- Esto puede dar pie a la instalación de otras MyPEs, aquellas que se dediquen a realizar de manera profesional toda una tarea publicitaria, conociendo la situación de las MyPEs clientes. Es decir, "agencias" que no sean tan "rimbombantes" ni muy grandes, con costos fijos no muy elevados, de modo que puedan una buena asesoría o consultoría en materia de publicidad con precios accesibles a aquellas compañías con recursos limitados.

Referencias:

Fisher,L &Espejo,J.(2012a): "Mercadotecnia". Editorial Mc Graw Hill, México.

Fisher,L &Espejo,J.(2012b): "Investigación de Mercados". Editorial Servicio Express de Impresión, S.A de C.V., México.

Kotler,P.(2010a): "Direccion de Marleting". Editorial Prentice Hall, México.

Kotler,P & Armstrong,G.(2010b): "Fundamentos de Marketing". Editorial Prentice Hall, México.

Kotler,P.(2010c): "El Marketing según Kotle". Editorial Paidos, México.

Lamb,C.,Hair,J &Mc,D (2010): "Fundamentos de Marketing". Editorial International Thomson, México.

Stantos,Etzel &Walker (2011): "Fundamentos de Marketing". Editorial Mc Graw Hill, México.

Zyman,S &Brott,A.(2012). "El fin de la Publicidad como la conocemos" Editorial Mc Graw Hill, México.

https://www.visionindustrial.com.mx/industria/desarrollo-organizacional-3027/responsabilidad-social-empresarial

Capítulo 2
Impacto del COVID En Las Microempresas Comerciales de la zona Centro en Tuxpan, Veracruz

Edalid Álvarez Velázquez
Lázaro Salas Benítez
Arturo Muñoz Camacho

IMPACTO DEL COVID EN LAS MICROEMPRESAS COMERCIALES DE LA ZONA CENTRO EN TUXPAN, VERACRUZ

Resumen.

Con la presencia del Coronavirus (COVID 19) y su propagación mundial, el impacto que se generó no solo fue en el ámbito de la salud, sino que su repercusión fue en la económico, laboral y social de las empresas. Este trabajo describe un breve marco teórico de la enfermedad y su evolución hasta convertirse en una pandemia mundial, su llegada a nuestro país así como las medidas preventivas que se tomaron en el sector comercial y de servicios. Continuando, se hará un contexto del sector microempresarial comercial en la zona centro de Tuxpan, Veracruz. En el aspecto metodológico, se aplica un instrumento con cierto número de ítems con escala Likert y de opción múltiple, para aplicarlos a una muestra por conveniencia a agro empresas. En el que finalmente se conocerán los resultados, sus conclusiones y recomendaciones a partir de los resultados, para conocer el impacto del COVID en este sector.

OBJETIVO

Identificar el **impacto** del **COVID** en el **sector microempresarial comercial** de la zona centro de Tuxpan, Veracruz.

INTRODUCCIÓN

Nuestro país a lo largo de su historia, ha padecido: guerras, intervenciones extranjeras, estallidos sociales, desastres naturales (temblores, inundaciones y huracanes) y trastornos económicos (inflación, devaluaciones, crecimiento de su deuda externa), así como la presencia de enfermedades virales (Sida, Dengue, Influenza, Varicela) pero ninguna tan grave ni destructiva como el Coronavirus, mejor conocido como COVID 19. Esta enfermedad ha generado la mayor cantidad de muertes, que de acuerdo a la Organización Mundial de Salud hasta el 09 de Octubre 2020 ascienden a cerca de un millón de personas en todo el mundo, sin embargo su impacto ha derivado afectaciones económicas en muchos sectores (cierre temporal de actividades no esenciales) entre los que se encuentran los negocios microempresariales de la zona centro de Tuxpan, Veracruz que constituyen según datos oficiales el 85% de las unidades económicas en el país, cuyos establecimientos no han tenido la posibilidad de sobrevivencia económica en este periodo de contingencia (INEGI, 2020).

PLANTEAMIENTO DEL PROBLEMA

En términos generales, la pandemia mundial del COVID 19 ha afectado no tan solo el sistema de salud, sino que sus efectos ha impactado la economía en los diferentes sectores productivos y comerciales no esenciales, que junto con el distanciamiento social, el cierre temporal de empresas y negocios, suspensión de clases, ha provocado: desabasto y encarecimiento de los bienes y servicios, así como la incertidumbre y miedo a lo desconocido. Con todo lo anterior, se tiene ciudades y poblaciones enteras, con nula actividad económica y social, lo que ha originado que la fuente generadora de ingresos por actividades comerciales no existan ventas por el cierre temporal de negocios y con el distanciamiento social (quédate en casa) como medida sanitaria ha dañado el ciclo económico de un gran sector comercial, como es el caso de las microempresas de la zona centro de Tuxpan, Veracruz donde la suspensión de actividades no esenciales, provoca que los consumidores no encuentren abiertas dichas negociaciones, originando un impacto altamente costoso y muy negativo.

JUSTIFICACIÓN

Como se ha descrito, la enfermedad del coronavirus COVID 19, no tan solo ha dañado el ámbito de la salud, sino que ha creado incertidumbre y miedo a la enfermedad, además de un deterioro y una recesión de tipo económico, derivado por el cierre temporal de empresas y negocios en actividades económicas no esenciales, así como el distanciamiento social y el confinamiento en casa por suspensión de clases, el desabasto y encarecimiento de ciertos productos y servicios.

El fin de esta investigación es: Identificar el impacto del COVID en el sector microempresarial comercial en la Zona Centro en Tuxpan, Veracruz. En su primera parte describiré como surge esta enfermedad y como se disemina como pandemia mundial; que decisiones toma la Organización Mundial de la Salud y otros organismos internacionales. Y a partir de que se presenta el primer contagio en nuestro país, qué medidas sanitarias y políticas administrativas se gestionan para el cierre temporal de empresas y negocios en actividades económicas no esenciales, así como el distanciamiento social y el confinamiento en casa al suspenderse las clases a nivel nacional. Finalmente se conocerá los efectos del COVID 19 en las microempresas comerciales en la zona centro en Tuxpan, Veracruz; para terminar con los resultados y las conclusiones.

MARCO TEÓRICO

Antecedentes.

De acuerdo con la Organización Mundial de la Salud (OMS), el Coronavirus (COVID 19) es una enfermedad viral que fue notificado por primera vez en Wuhan (China) el 31 de diciembre de 2019 al presentarse muchos casos de neumonía y que en los humanos causa una infección respiratoria que pueden ir desde un resfriado común hasta enfermedades mucho más graves como el síndrome respiratorio de Oriente Medio (MERS) y el síndrome respiratorio agudo severo (SRAS).

A principios de Enero del 2020 se hace una evaluación del riesgo mundial y con información proporcionada la OMS sobre la situación que guarda esta nueva enfermedad, considerando experiencias de otras epidemias similares (SRAS y MERS), se dan ciertas orientaciones preventivas y medidas de control sanitario ante la diseminación y rápido contagio de este nuevo coronavirus, declarándose un estado de emergencia.

Con el propósito de contener la propagación del contagio infeccioso del Covid-19 a otros países, China decidió suspender todos los medios de transporte, cerrando aeropuertos, estaciones de autobuses y ferrocarril, prohibiendo salidas aéreas, marítimas y terrestres; sin embargo, el 13 de Enero del 2020 se identifica en Tailandia (posteriormente en Japón y Corea del Sur) el primer caso de la enfermedad fuera del país chino. A partir de ahí, se empieza a propagar de manera rápida e intensa a países tales como: Rusia e India en Asia; España, Reino Unido e Italia en Europa; Israel, Irán e Iraq en Medio Oriente. Posteriormente, se reporta el suceso de contagio en Latinoamérica (Brasil), para finalmente presentarse el 27 de Febrero del 2020 el primer caso de COVID 19 en México, como se describe en la figura 1.

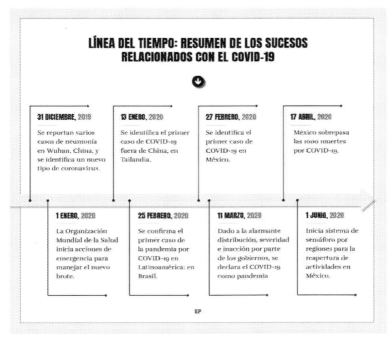

Figura 1. Línea del tiempo de contagio
mundial de COVID 19. Fuente: OMS

A partir de que se identifica el primer caso de COVID 19 en México, con el reporte de tres personas que viajaron a Bérgamo, Italia a una convención, se dan los primeros contactos de contagio cuando ellos retornan a sus lugares de origen en territorio nacional (Sinaloa, CDMX y Estado de México). Dado el aumento alarmante de contagios, la Organización Mundial de Salud declara la enfermedad como pandemia, y el gobierno mexicano declara a partir del 20 de Marzo del 2020 la suspensión de actividades no esenciales, cerrándose: industrias, dependencias de gobierno, instituciones educativas, centros de entretenimiento (cines, espectáculos, juegos deportivos, museos), centros de culto religioso, entre otros lugares donde pudiese existir riesgo de contagio, iniciándose el confinamiento para quedarse en casa, hasta principios del mes de Junio. Posteriormente, se inicia el sistema de semáforo por regiones en el país, para la reapertura gradual de ciertos sectores económicos y la normalización de actividades esenciales, como se ve en la figura 2.

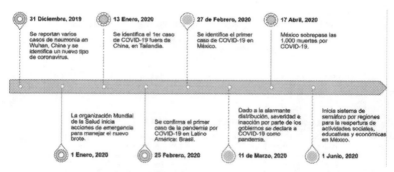

Figura 2. Línea del tiempo en México del Covid 19. Fuente: GOB.MX

Marco Contextual

Actualmente en México según datos oficiales, las Pymes constituyen el 85% de presencia en actividad comercial con cerca de 4.1 millones de establecimientos y como lo apunta Mario Maraboto (Revista Expansión, Abril 2020) aportan el 42 % del PIB y son generadoras de empleo en un 78%. En la ciudad de Tuxpan, Veracruz según datos del INEGI y de la Cámara Nacional de Comercio, con un total de casi 4 mil establecimientos PYMES, se encuentran asentados cerca de 300 microempresas comerciales en la zona centro, constituye una de sus principales actividades económicas como es el comercio, para una población de 143 mil habitantes. La ciudad se encuentra ubicada al margen izquierdo del rio del mismo nombre, asentado en el municipio de Tuxpan, Veracruz localizado en el norte del Estado mexicano de Veracruz, ubicada en la región conocida como la Huasteca a 191 km al sur de Tampico, a 60 km al norte de Poza Rica y a 320 km de la Ciudad de México; por su cercanía a la Ciudad de México, Puebla, Querétaro y otras ciudades del altiplano, es seleccionado como un destino turístico por lo que es un lugar de mucho movimiento económico. De acuerdo con los datos mencionados, se muestra la figura 3.

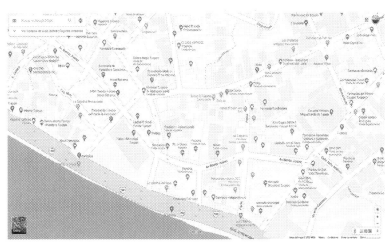

Figura 3. Microempresas en el centro de Tuxpan, Veracruz. Fuente: Google Maps.

Impacto del COVID en las microempresas comerciales en la zona centro de Tuxpan, Veracruz

La presencia del COVID 19 en el país, ha sido decisivo para repercutir en un daño económico, laboral y social en el ramo microempresarial comercial de la zona centro en la ciudad de Tuxpan, Veracruz, siendo otros los siguientes factores:

- El miedo y la incertidumbre al contagio a la enfermedad ya que puede ocasionar incluso la muerte, en el ámbito de la salud.
- El distanciamiento social y el confinamiento en casa, ha generado el cierre temporal de los negocios, quedándose sin una fuente de ingreso, sus trabajadores.
- Existe un deterioro y recesión económica, considerando que es una de sus principales actividades.
- El cierre del centro de la ciudad y la restricción de ingreso de turistas o personas de otra procedencia, ha impedido la asistencia y el consumo de los bienes y servicios del sector comercial a nivel Pymes.
- En términos generales, las medidas sanitarias han provocado las nulas ventas de este sector y su afectación de manera económica, de salud y social.

Ante este fenómeno mundial y de crisis sanitaria, esta pandemia de COVID ha generado cierto impacto no únicamente en el ámbito de la salud, sino en el orden económico, laboral, social e incluso en el cumplimiento de las obligaciones fiscales. A continuación, se detalla las diferentes implicaciones de lo descrito anteriormente en la tabla 1.

Área	Descripción
Económico	• Deterioro en la perdida adquisitiva en los trabajadores • Falta de liquidez y solvencia de los establecimientos comerciales • Deterioro y recesión económica en la comunidad • Nula actividad entre proveedores y el sector comercial • Aumento en el quebranto de gastos operativos fijos (renta, luz, servicios, impuestos) y en cuentas por pagar • Costos por la contingencia (vigilancia, nomina, atención medica)
Salud	• Esta enfermedad tiene un alto índice de contagio y de muerte • El colapso en el sistema de salud, por la falta de espacios, médicos especialistas e insumos en medicamentos • La incertidumbre y el miedo al contagio • Las medidas sanitarias insuficientes y su falta de cumplimiento • Alto índice de riesgo en la población, por vulnerabilidad en obesidad, enfermedades crónicas, entre otros aspectos
Laboral	• Incertidumbre y miedo a perder el empleo • Reducción de su sueldo o incluso no percepción de salario • Inestabilidad laboral y económica • Disminución de la calidad de vida • Dificultad para emplearse en otro centro de trabajo

Fiscal	• Por la falta de liquidez, retraso en los pagos de impuestos • Incumplimiento en las obligaciones fiscales • Disminución en el monto de la base gravable • Acoso de la autoridad fiscal en revisiones y cobros de impuestos • Incertidumbre y miedo a tener auditorias y pago de multas excesivas
Social	• Por el cierre temporal o definitivo del centro de trabajo, se ha generado incertidumbre y miedo a la pérdida de empleo • Por el distanciamiento social, se tiene en la comunidad estrés y ansiedad, además de violencia intrafamiliar • Pérdida del poder adquisitivo familiar, ya que hay pocos o nulos ingresos, y los gastos del hogar han aumentado

Tabla 1. Impacto del COVID en el sector microempresarial comercial de la zona centro de Tuxpan. Veracruz. Fuente propia

Lo anterior conduce a una concientización, de que la sociedad y este sector comercial se vea afectado, no solo en el ámbito de la salud, sino que tiene implicaciones como se ha visto en el punto anterior, en lo económico, social, laboral, fiscal y quizás en otras área más. Que el tiempo ha transcurrido afectando la vida cotidiana de la población y hasta que no se encuentre una vacuna a corto plazo, se tendrá la tranquilidad, la seguridad y una estabilidad de normalidad entre todos los sectores afectados por esta pandemia mundial.

MÉTODO

Tipo de estudio, muestra e instrumento

El presente trabajo es descriptivo de tipo cuantitativo, no experimental no probabilística, en el que se aplicó una muestra a conveniencia, entre 30 propietarios del sector microempresarial comercial en la zona centro de la Ciudad de Tuxpan, Veracruz, donde se aplicó una encuesta con solo 8 preguntas de opción múltiple y en escala de Likert, para conocer su percepción del impacto del COVID durante el periodo de contingencia en este ramo económico, mostrándose en el último apartado los resultados y gráficos de los mismos.

Descripción

La encuesta que se aplicó consta de 8 preguntas de opción múltiple y con escala de Likert, los días 10 y 11 de Septiembre del 2020.

En el primer apartado, son datos generales y posteriormente, la percepción de los encuestados sobre el del impacto del COVID durante el periodo de contingencia, del sector Pymes comercial de la zona centro de la Ciudad de Tuxpan, Veracruz, relativo a: su conocimiento, su contexto, sus implicaciones, entre otros aspectos.

RESULTADOS

El resultado final de la investigación, se detalla con los datos más relevantes y su representación gráfica, interpretando los resultados obtenidos con el instrumento de medición, a través de la encuesta que fue aplicada a 30 propietarios del sector microempresarial comercial de la zona centro de la Ciudad de Tuxpan, Veracruz. Para una mejor interpretación de la información, se tienen las siguientes gráficas:

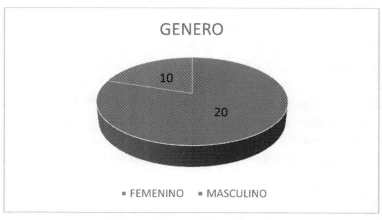

Gráfica 1: Género de los encuestados
En la gráfica 1, se observa que la mayoría de
los encuestados, son mujeres (20)

2.- ¿CONOCES LA ENFERMEDAD DEL COVID?

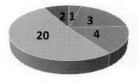

* TOTALMENTE EN DESACUERDO
* EN DESACUERDO
* INDECISO
* DE ACUERDO
* TOTALMENTE DE ACUERDO

Gráfica 2: Grado de conocimiento del COVID
En la gráfica 2, se observa que la mayoría de los
encuestados, conocen la enfermedad

3.- ¿SABES QUE EL COVID ES MORTAL Y CONTAGIOSA?

* TOTALMENTE EN DESACUERDO
* EN DESACUERDO
* INDECISO
* DE ACUERDO
* TOTALMENTE DE ACUERDO

Grafica 3: Grado de conocimiento del contagio y mortandad del COVID
En la gráfica 3, se observa que la mayoría de los encuestados conocen, que la enfermedad es contagiosa y mortal

4.- ¿CONSIDERA USTED, QUE LA APLICACIÓN DEL DISTANCIAMIENTO SOCIAL AFECTA LAS EMPRESAS?

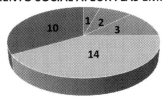

* TOTALMENTE EN DESACUERDO
* EN DESACUERDO
* INDECISO
* DE ACUERDO
* TOTALMENTE DE ACUERDO

Grafica 4: Percepción de que el distanciamiento social afecta las empresas
En la gráfica 4, se observa que la mayoría de los encuestados están de acuerdo de que el distanciamiento social afecta las empresas

5. ¿CONSIDERA USTED QUE EL DISTANCIAMIENTO SOCIAL AFECTA ECONOMICAMENTE AL SECTOR PYMES COMERCIAL?

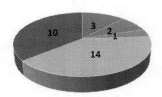

* TOTALMENTE EN DESACUERDO
* EN DESACUERDO
* INDECISO
* DE ACUERDO

Grafica 5: *Percepción de que el distanciamiento social afecta la economía del sector restaurantero*
En la gráfica 5, se observa que la mayoría de los encuestados están de acuerdo de que el distanciamiento social afecta la economía del sector Pymes comercial

6.- ¿CONSIDERA USTED QUE EL DISTANCIAMIENTO SOCIAL AFECTA EL CIERRE TEMPORAL DEL SECTOR PYMES COMERCIAL?

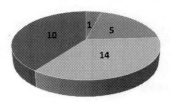

* TOTALMENTE EN DESACUERDO
* EN DESACUERDO
* INDECISO
* DE ACUERDO
* TOTALMENTE DE ACUERDO

Grafica 6: *Percepción de que el distanciamiento social afecta el cierre temporal del sector Pymes comercial*
En la gráfica 6; se observa que la mayoría de los encuestados están de acuerdo de que el distanciamiento social afecta el cierre temporal del sector Pymes comercial

7.- ¿CONSIDERA USTED QUE EL DISTANCIAMIENTO SOCIAL AFECTA EL CUMPLIMIENTO DE OBLIGACIONES LABORALES Y FISCALES DEL SECTOR PYMES COMERCIAL ?

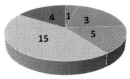

* TOTALMENTE EN DESACUERDO
* EN DESACUERDO
* INDECISO
* DE ACUERDO
* TOTALMENTE DE ACUERDO

Grafica 7: Percepción de que el distanciamiento social afecta laboral y fiscalmente el sector Pymes comercial
En la gráfica 7, se observa que la mayoría de los encuestados están de acuerdo de que el distanciamiento social afecta laboral y fiscalmente el sector Pymes comercial

8.- ¿ES SUFICICIENTE LA DIFUSION DE LAS MEDIDAS DE PREVENCION EN EL PERIODO DE CONTINGENCIA?

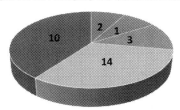

* TOTALMENTE EN DESACUERDO
* EN DESACUERDO
* INDECISO
* DE ACUERDO
* TOTALMENTE DE ACUERDO

Grafica 8: Opinión acerca de la difusión de las medidas sanitarias son insuficientes
En la gráfica 8, se muestra que la mayoría de los encuestados están de acuerdo, de que son insuficientes la difusión de las medidas sanitarias.

CONCLUSIONES

México es uno de los países, con mayor índice de vulnerabilidad por contar con una población de adultos mayores y con enfermedades crónicas degenerativas tales como la diabetes, sinusitis, obesidad, entre otras; por lo que a partir de que el Coronavirus hizo presencia en territorio nacional a principios del 2020 y que desde mediados del mes de Abril se dieron la cifra de mil defunciones, incrementándose la curva de contagio con las implicaciones de distanciamiento social y el cierre temporal de que aquellas actividades no esenciales por el periodo de contingencia (Marzo 20 al 1° de Junio), motivo a un confinamiento forzoso por el tema de prevención sanitaria, pero con consecuencias no solo carácter social, sino económica a través del cierre de negocios con pérdidas millonarias, como es el caso del sector microempresarial comercial de la zona centro de la Ciudad de Tuxpan, Veracruz ocasionando una recesión en su actividad economica, además de una incertidumbre y miedo en el ámbito de la salud, laboral y en el cumplimiento de sus obligaciones fiscales.

Como parte de este estudio, la muestra de los encuestados en su calidad de propietarios de negocios del sector microempresarial comercial de la zona centro de la Ciudad de Tuxpan, Veracruz, se consideran los siguientes puntos:

- ✓ La mayoría tiene conocimiento del COVID como enfermedad mortal y contagiosa.
- ✓ Identificaron que las medidas de distanciamiento, confinamiento y cierre temporal, provoco una recesión económica afectando el poder adquisitivo de todos, con un posible cierre según datos del Banco de México de un 8% de inflación y una caida del PIB en casi un 10 % (Esquivel, p.3, 2020)

✓ Se generó una incertidumbre y miedo, por el tema del cierre temporal al darse el despido del personal y en su caso del pago de nómina y gastos operativos
✓ El no cumplimiento de sus obligaciones laborales, fiscales y de proveedores.

Este trabajo de investigación, finalmente le da a conocer al sector microempresarial comercial de la zona centro de la Ciudad de Tuxpan, Veracruz, los siguientes aspectos:

• Se detone la economía local y regional.
• Generación de estrategias para conservar empleos directos e indirectos.
• Detonación de competitividad y productividad.
• Beneficios de tipo social, económico, tributario y administrativo.
• Implementación de programas de estímulos fiscales y de ayuda no gubernamental.
• Un mejor bienestar social en la economía familiar

RECOMENDACIONES

Es pertinente generar programas de difusión (cursos, folletos, orientaciones, asesorías, etc.) y de apoyo social y económico (orientado a nivelar el poder adquisitivo y la economía de la comunidad y del sector microempresarial comercial) y un mayor acercamiento con los interesados por las autoridades hacendarias con estímulos fiscales y del sector productivo con proyectos de apoyo económico, para detonar el problema, financiero, legal, de salud y de índole social, para el bienestar social en la economía familiar, y combinándolo con el respaldo de programas gubernamentales, se incrementaría el desarrollo económico del sector microempresarial comercial de la zona centro de la Ciudad de Tuxpan, Veracruz

BIBLIOGRAFIA

Arredondo A., Viridiana Vanesa. "Los Estímulos Fiscales como herramienta de deducibilidad en las empresas". Revista Contaduría Pública. México. Edición Julio 2016.

Banco Interamericano de Desarrollo (BID) Del confinamiento a la reapertura: Consideraciones estratégicas para el reinicio de las actividades en America Latina y el Caribe en el marco del Covid 19. 2020. Washington, D.C.

Deloitte. (2020).Restaurarte ante el COVID – 19. Riesgos e implicaciones potenciales para la industria de restaurantes. Webcast de la Industria Restaurantera. Mayo, 2020.(CANIRAC) Camara Nacional de la Industria Restaurantera y de Alimentos Condimentados.

Durán, A., & Flores, P. (2009). Estímulos fiscales y su tratamiento para efectos del impuesto sobre la renta. México DF: Instituto Mexicano de Contadores Públicos

Esquivel, G. (Julio, 2020) Los impactos economicos de la pandemia en México. www.banxico.org.mx

Grupo Interinstitucional de Investigación (GIDI) Impactos de Covid 19 en las Empresas en Baja California. Resultados finales al 7 de Mayo de 2020

Folleto Informativo de los Estímulos Fiscales. Servicio de Administración Tributaria. 2019.

Ley del Impuesto Sobre la Renta

Maraboto, M. (Junio, 2020) El efecto COVID -19 en las pymes. Revista Expansion.

https://coronavirus.gob.mx/

https://es.wikipedia.org/wiki/Anexo:Cronolog%C3%ADa de la pandemia de enfermedad por coronavirus de 2019-2020

https://hipertextual.com/2020/01/coronavirus-china-cronologia

https://www.inegi.gob.mx

https://www.who.int/es/emergencies/diseases/novel-coronavirus-2019?gclid=CjwKCAjwwab7BRBAEiwAapqp
TC4lSaZCgU7j4PLeHTpGSE96cVx7KXIVlkVglOMdY5jJJ
O33R73VFhoCAs8QAvD_BwE

Capítulo 3
Responsabilidad Social Empresarial del sector farmacéutico de Tuxpan, Veracruz

Edalid Álvarez Velázquez
Lázaro Salas Benítez
Arturo Muñoz Camacho

RESPONSABILIDAD SOCIAL EMPRESARIAL DEL SECTOR FARMACÉUTICO DE TUXPAN, VERACRUZ

Resumen

Ser socialmente responsable no significa solamente cumplir plenamente las obligaciones jurídicas, sino también ir más allá de su cumplimiento invirtiendo más en el capital humano, el entorno y las relaciones con los interlocutores. La Comisión de las Comunidades Europeas (2001) señala que una empresa socialmente responsable no es aquella que sólo se enfoca en el medio ambiente como se cree, ya que también se concentra en el bienestar de sus trabajadores, en la máxima utilización de sus recursos y en el bien común.

Acosta (2017), coincide al mencionar que la Responsabilidad Social Empresarial (RSE) es un término amplio para describir los esfuerzos de una empresa para impactar positivamente en su entorno, es decir, la empresa puede orientar sus prácticas responsables hacia el interior o hacia el exterior de esta. En cada caso, existen diferentes grupos interesados hacia donde puede focalizar sus acciones. Esto significa, señala Sánchez (2020), la RSE constituye el compromiso de una empresa en conocer los impactos que sus decisiones y actividades tienen en sus empleados, en la sociedad y el medio ambiente, dando respuesta a los mismos a través de comportamientos transparentes y éticos en un desarrollo sostenible, al mismo tiempo que considere las expectativas de las partes interesadas, cumpliendo con la legislación local e internacional, integrándose al quehacer cotidiano de la propia organización.

Toda aquella empresa que sepa integrar adecuadamente la RSE en su estrategia y a nivel operativo, tiene grandes posibilidades de conseguir ventajas competitivas que les proporcione un mejor posicionamiento estratégico y mayor rentabilidad, los grupos de interés, cuando observan las prácticas de RSE, se fidelizan más en ellas.

La presente investigación tiene por objeto realizar el autodiagnóstico de RSE de empresas farmacéuticas para observar la pertinencia de lograr el distintivo nacional de RSE, el instrumento utilizado fue el autodiagnóstico de la Fundación del Empresariado Chihuahuense, A.C. (FECHAD); la población fueron empresas del sector farmacéutico de Tuxpan, Veracruz. Los principales hallazgos fueron que las empresas no lograron la puntuación máxima de las cuatro dimensiones que integran el instrumento, la dimensión mejor evaluada fue la calidad de vida en la empresa.

MARCO TEÓRICO

La RSE es inherente a la empresa, recientemente se ha convertido en una nueva forma de gestión y de hacer negocios, en la cual la empresa se ocupa de que sus operaciones sean sustentables en lo económico, lo social y lo ambiental, reconociendo los intereses de los distintos grupos con los que se relaciona y buscando la preservación del medio ambiente y la sustentabilidad de las generaciones futuras.

La RSE, también conocida como responsabilidad social corporativa (RSC), es de suma importancia para todas las empresas, ya que en los últimos años se han incrementado mucho los daños al planeta, estos problemas son generados por empresarios que no asumen con responsabilidad voluntaria sus acciones para mejorar al medio ambiente social y económico.

La RSE se identifica como el objetivo 12 del Desarrollo Sostenible el cual consiste en hacer más y mejor con menos. También se trata de desvincular el crecimiento económico de la degradación medioambiental, aumentar la eficiencia de recursos y promover estilos de vida sostenibles. (Organización de las Naciones Unidas [ONU], 2015).

Es una visión de negocios que integra el respeto por las personas, los valores éticos, la comunidad y el medioambiente con la gestión misma de la empresa, independientemente de los productos o servicios que ésta ofrece, del sector al que pertenece, de su tamaño o nacionalidad. (Cajiga, s/f)

La RSE se puede utilizar como factor de competitividad, ya que las empresas al aplicar responsabilidad social crean un vínculo con la sociedad, lo que permite que las personas conozcan la empresa y los productos que ofrece, aumentando así su publicidad y sus ventas. Adicionalmente establece Fontrodona, citado por Gálvez, porque una empresa socialmente responsable, en estos momentos de crisis, pondrá un especial énfasis en sus empleados. Debe ser siempre así, pero especialmente ahora, cuando la creación o el mantenimiento del empleo es el problema más importante al que se enfrenta nuestra sociedad. Por ello, una empresa que se preocupe por sus empleados conseguirá una mayor implicación y compromiso de su gente, y eso la hará más competitiva".

Empresas de clase mundial han reconocido los beneficios que genera erigirse como una Empresa Responsable con la Sociedad y su entorno; es por ello que la Responsabilidad Social, es actualmente uno de los temas de mayor interés entre la comunidad empresarial, y cada vez se le da mayor relevancia como elemento distintivo y como ventaja competitiva, que le brindará a las empresas mejores oportunidades de negocio y proyección y reconocimiento de parte del mercado. Lo que redundará, a su vez, en múltiples ventajas para los trabajadores y la comunidad en general (Barroso 2008).

La RSE o sostenibilidad está ligada a otros términos como innovación, reputación o productividad: valores que, a su vez, hacen incrementar la competitividad de las empresas que los aplican (EOI,2014)

El desarrollo y la globalización mundial han incrementado la exigencia social de un comportamiento empresario más responsable y más comprometido con su entorno, convirtiendo a las empresas en "Ciudadanos Corporativos" cuyas responsabilidades sociales básicas, éticas, laborales y medio ambientales van más allá de la maximización de ganancias y de su posición frente a los mercados.

En la actualidad, la inserción de la Responsabilidad Social en la gestión empresarial de las farmacias es un desafío que impone una apertura en la mente y criterio de los directivos en su planeación estratégica; la importancia de ello reside en que es una nueva forma de gestión: el mundo ha cambiado, por lo tanto, la forma de hacer negocios también.

El objetivo de esta investigación es conocer la importancia que las empresas del sector farmacéutico tuxpeñas le dan a la RSE, identificar ventajas y desventajas de la RSE.

METODOLOGÍA.

Esta investigación de tipo no experimental, descriptiva de cohorte cualitativo debido a que es aplicada a empresas pymes del giro farmacéutico y se describen los hallazgos por cada dimensión evaluada tomando en cuenta la escala de valoración, con ello se puede determinar el nivel de RSE que posee cada empresa de manera integral porque se analizan los procesos considerados como acciones de responsabilidad social pero también se investigan cualidades de las farmacias lo que la convierte también en una investigación de corte cualitativo pues se comparan los resultados que señala el instrumento de RSE que se emplea a través de las siguientes dimensiones:

1. Calidad de vida en la empresa. Una empresa ofrece calidad de vida en su interior cuando se opera éticamente y se interesa por el bienestar de quienes la integran.
2. Compromiso con la comunidad. Una empresa socialmente responsable se empeña en mejorar su entorno inmediato y el de la comunidad con la que se relaciona. Promueve el trabajo voluntario de sus trabajadores hacia la comunidad.
3. Cuidado y preservación del medio ambiente. Una empresa socialmente responsable se compromete en el cuidado del medio ambiente.
4. Una empresa genera riqueza y se relaciona de una manera justa y solidaria con sus involucrados.

Se utilizó el instrumento de autodiagnóstico establecido para empresas, propuesto por la Fundación del Empresariado Chihuahuense, A.C. [FECHAC], (s/f)

El autodiagnóstico es un ejercicio en el que los miembros de las empresas aprenden a identificar los principales elementos de su institución y a calificar el estado en que se encuentran en su proceso de desarrollo.

Este ejercicio facilita la producción de conocimiento personal y colectivo, además permite:

- Observar rápidamente en dónde se encuentran las principales fortalezas y debilidades de la organización.
- Construir una visión clara y comprensible de su situación actual.
- Definir las prioridades para un plan de mejora.
- Clarificar las necesidades de capacitación de los integrantes de la institución en las áreas principales.
- Formular el diseño de capacitación e implementación de acciones que responda a las necesidades actuales prioritarias, así como a las necesidades futuras previsibles.

Cada una de estas dimensiones está descrita por 15 indicadores. El ejercicio de autodiagnóstico consiste en estimar en qué medida la propia empresa cumple con cada enunciado (expresado en términos de indicador), es por eso que junto a cada uno de ellos hay una escala Likert del 1 al 5, donde 5 representa el más alto grado de semejanza entre lo que ahí se propone y lo que sucede en la organización, y 1 el más bajo.

Respecto al número de ítems por dimensión se puede estimar el puntaje mínimo de 15 puntos y 75 puntos en el nivel máximo.

Por lo anterior la escala ideal es integrar con sus cuatro dimensiones un total de 300 puntos como puntaje máximo y 60 puntos como mínimo para poder declarar el nivel de cumplimiento de RSE.

Para la determinación de la población se utilizó la base de datos del Instituto Nacional de Estadística y Geografía (INEGI, 2010) ubicando en la ciudad de Tuxpan 67 empresas del sector farmacéutico en la categoría de Micro y Pequeñas Empresas.

Para esta investigación se tomaron en cuenta las siguientes características:
Giro: Venta de productos farmacéuticos. Razón social: FARMACIAS

Cámara que las agrupa: CANACO SERVYTUR
Número de empleados que poseen: De 0 hasta 30 empleados (Art. 3 Fracc. III de la Ley de Competitividad y Desarrollo de la Micro, Pequeña y Mediana Empresa. Secretaría de Economía, 2009)

Tomando en cuenta los datos anteriores se identificó una población de 25 farmacias.

La muestra de selección de las empresas a encuestar fue por conveniencia, es decir, solo participaron 22 empresas que aceptaron brindar tiempo para la resolución de la encuesta.

Ubicación geográfica de la Muestra: Se prefirió que las Pymes a encuestar estuvieran en el centro de la ciudad a fin de cumplir con mayor homogeneidad en sus operaciones. Las Pymes farmacéuticas que participaron recibieron un código identificador de acuerdo a como se puede observar en la Tabla 1.

Tabla 1. Código de identificador de empresas

Número	CÓDIGO DE IDENTIFICACIÓN
1	FB-1
2	FC-2
3	FD-D

4	FD-A
5	FD-L
6	FD-V
7	FE-A
8	FA-A
9	FG-S
10	FG-I
11	FG-L
12	FG-T
13	FI-N
14	FL-E
15	FL-P
16	FL-A
17	FP-R
18	FP-1
19	FR-G
20	FS-A
21	FS-1
22	FT-N

Del análisis estadístico se utilizó el análisis de frecuencias aplicado por dimensión y por evaluación integral. Con este fue posible la identificación del número de empresas que se encuentran en una determinada puntuación.

Se calculó la media estadística para escribir la muestra con un solo valor que representa el centro de los datos de acuerdo a los valores obtenidos considerando siempre la referencia de valor mínimo de 15 puntos por dimensión y 60 puntos en evaluación integral, para valor máximo por dimensión es de 75 puntos y 300 por evaluación integral.

Se calculó la desviación estándar de los datos por dimensión y evaluación integral, con el fin de observar la dispersión de los datos alrededor de la media. Para esta investigación se consideró que aquellas empresas que logren superar a la media identificada serán candidatas a aspirar al logro de una evaluación de distinción nacional en RSE, siempre que realicen ajustes en los indicadores de menor evaluación.

Resultados

En la dimensión de Calidad de Vida se puede observar, en la Tabla 2, que de las 22 empresas encuestadas el valor mínimo localizado fue de 33 y se logró un valor máximo de 70, la tendencia central representada por la media es de 47.5455.

Tabla 2. Calidad de Vida

Concepto		Valor
N	Válido	22
	Perdidos	0
Media		47.5455
Desviación estándar		11.06142
Mínimo		33.00
Máximo		70.00

Por su parte, en la Figura 1, se puede observar que, en la distribución de las puntuaciones, diez empresas superan la media obtenida y 12 se encuentran por debajo de esta, no existieron empresas con valor mínimo de la escala de 15, no se logró una calificación máxima de la dimensión.

Figura 1. Dimensión Calidad de Vida. Distribución de evaluación

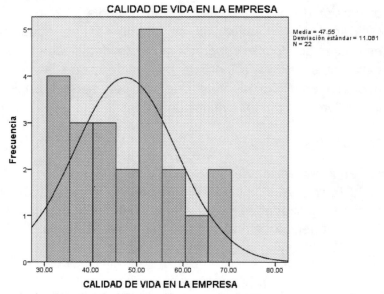

CALIDAD DE VIDA EN LA EMPRESA

Media = 47.55
Desviación estándar = 11.081
N = 22

CALIDAD DE VIDA EN LA EMPRESA

En la dimensión compromiso con la comunidad, de acuerdo con la Tabla 3, se obtuvo un valor mínimo de 20 puntos y un valor máximo de 67. La tendencia central de valoración en esta dimensión fue de 39.18.

Tabla 3. Máximos y Mínimos Compromiso Con La Comunidad

Concepto		Valor
N	Válido	22
	Perdidos	0
Media		39.1818
Desviación estándar		12.65527
Mínimo		20.00
Máximo		67.00

De acuerdo con la figura 2 se observa que de las 22 empresas evaluadas existe una distribución asimétrica de los valores obtenidos en esta dimensión 12 empresas están por debajo de la media de 39.18, aunque se destaca que no existió una valoración mínima de la escala que es de 15 puntos, 10 empresas superaron la media estadística, pero sin lograr la evaluación máxima de 75 puntos de la escala. De lo anterior se puede señalar que 10 empresas están en posibilidades de corregir con menor dificultad sus indicadores y aspirar a una evaluación que lo acerque aún más a la máxima escala de cumplimiento.

Figura 2
Dimensión Compromiso con la comunidad. Distribución de evaluación

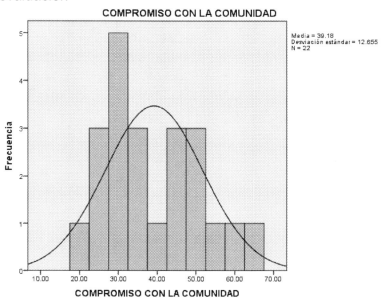

Con respecto a la dimensión de Cuidado Preservación del Medio Ambiente, en la Tabla 4, se puede observar que se obtuvo una media estadística de las valoraciones de 40.73.

Una valoración mínima de 26 y una puntuación máxima de 64.

Tabla 4. Máximos y Mínimos. Cuidado y Preservación del Medio Ambiente

Concepto		Valor
N	Válido	22
	Perdidos	0
Media		40.7273
Desviación estándar		10.58382
Mínimo		26.00
Máximo		64.00

La figura 3 presenta una distribución con mayor normalidad en el comportamiento de las evaluaciones, 13 empresas quedaron en una evaluación que supera a la media establecida de 40.73 y nueve empresas se encuentran por debajo de la misma. Las evaluaciones obtenidas no logran el puntaje mínimo de la escala que es de 15, así mismo no logran el puntaje máximo de 75.

Figura 3. Dimensión Ciudad y Preservación del Medio Ambiente. Distribución de evaluación

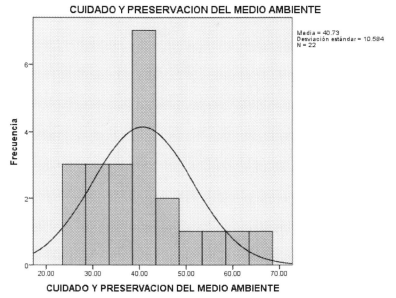

CUIDADO Y PRESERVACION DEL MEDIO AMBIENTE

En la Tabla 5, en la dimensión de Competitividad y Relación con sus Involucrados, se identifica una valoración mínima de 23 puntos y máximo logrado de 68 puntos. La media de los datos evaluados fue de 46.05

Tabla 5. Máximos y Mínimos. Competitividad y relación con sus involucrados

Concepto		Valor
N	Válido	22
	Perdidos	0
Media		46.0455
Desviación estándar		12.66971
Mínimo		23.00

Máximo	68.00

De las 22 empresas encuestadas, de acuerdo con la figura 4, seis empresas (50%) obtuvieron evaluación por debajo de la media, en contraste el resto la superó. No existieron puntuaciones de escala mínima y máxima.

Figura 4. Dimensión Competitividad y Relación con sus involucrados. Distribución de evaluación

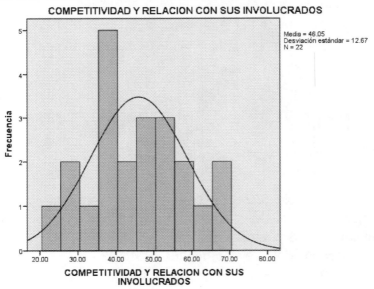

De manera integral, la puntuación media que obtuvieron las empresas (ver Tabla 6) fue de 173.5, en este sentido, los puntajes mínimo y máximo logrados fue de 103 y 254 respectivamente.

Tabla 6. Máximos y Mínimos de la Evaluación Integral de RSE

Concepto		Valor
N	Válido	22
	Perdidos	0
Media		173.5000
Desviación estándar		39.50136
Mínimo		103.00
Máximo		254.00

En resumen, la evaluación integral (ver figura 5) presenta que 11 empresas (50%) de las 22 encuestadas superaron la media de evaluación integral, por lo que son empresas consideradas, bajo este instrumento, candidatas a una evaluación nacional de distintivo RSE, siempre que realicen ajustes a indicadores de baja evaluación. El otro 50% son empresas que deben realizar mayores acciones de mejora.

Figura 5. Evaluación Integral de la RSE. Distribución de la Evaluación

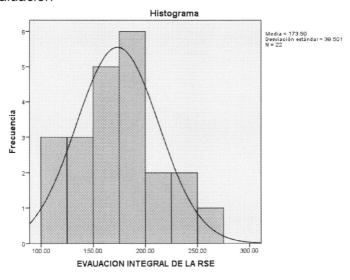

Conclusiones

El autodiagnóstico brinda un panorama general del estado que guarda la empresa en materia de RSE

Las principales fortalezas obtenidas son:

Las empresas presentan un compromiso mayor con la calidad de vida en la empresa, es decir se observó: Fomento en el ejercicio de la ética en todas sus operaciones (procesos, productos y/o servicios). Se observaron programas de desarrollo integral para sus trabajadores y sus familias. Procura el balance vida familiar-vida laboral al interior de la organización. Fomenta la inclusión y la diversidad en su fuerza laboral.

Las debilidades que todas las dimensiones analizadas identifican a empresas por debajo de la media determinada, que aunque no se compara con la valoración mínima, requieren de correcciones que les permita elevar su valoración y puedan aspirar al distintivo RSE.

Respecto del Compromiso con la comunidad se identificaron fortalezas de:

- Realiza aportaciones y/o inversiones en beneficio de su entorno inmediato.
- Realiza y/o participa en actividades sociales y comunitarias y les da seguimiento.
- Promueve el trabajo voluntario de sus trabajadores hacia la comunidad.

Las fortalezas en el Cuidado y preservación del medio ambiente son:

- Cumple con las obligaciones ambientales de su localidad.

- Cuenta con políticas o programas de cuidado del medio ambiente.
- Participa o apoya campañas de prevención, conservación y/o regeneración del medio ambiente.

Con respecto a la generación de riqueza y su relación de una manera justa y solidaria con sus involucrados las fortalezas son:

- Cumple con sus obligaciones ante las Autoridades.
- Construye relaciones de ganar-ganar con sus Proveedores.
- Satisface a sus Clientes.
- Cumple con sus obligaciones ante sus Accionistas.
- Mantiene una relación sana con sus Competidores

En términos generales las ventajas de ser empresas socialmente responsables se pueden clasificar de la siguiente manera:

- Comercial. Tendría como resultado el aumento en las ventas al diferenciar sus productos y servicios de la competencia, anticipa las tendencias y facilita el acceso a mercados globales.

- Laboral. Facilita el reclutamiento de personal de primer nivel y la retención de talentos, genera relaciones de largo plazo con el personal y alinea sus expectativas individuales con los objetivos de las empresas.

- Legal. Mejora el entendimiento de requerimientos legales, exigencias de reguladores y reduce la presión de agencias fiscalizadoras.

- Financiero. Incrementa la confianza de accionistas, mejora la percepción de riesgo, facilita el acceso a financiamiento, favorece la obtención de socios estratégicos y la atracción de inversiones.

- Reputación. Mejora la imagen pública frente a sus grupos de interés y aumenta la fidelidad de los clientes, promueve la RSE en su cadena de valor e impulsa su liderazgo en consolidar el compromiso social del sector empresarial

- Gestión. Permite identificar áreas de mejora potencial, comparar resultados frente a los indicadores, frente a sí misma y con el resto de empresas participantes.

- Impacto. Medir la evolución de sus resultados, gestionar y comunicar sus prácticas de RSE.

Como parte de la competitividad las ventajas que se pueden mencionar: productividad, publicidad, incremento en ventas, participación de la comunidad, prácticas justas de operación, mejor comportamiento ético.

REFERENCIAS

Acosta, Carolina (2017) ¿Por qué es importante la RSE? https://www.expoknews.com/por-que-es- importante-la-rse/

Barroso Tanoira, Francisco Gerardo. (2008). *La responsabilidad social empresarial: Un estudio en cuarenta empresas de la ciudad de Mérida*, Yucatán. Contaduría y administración, (226), 73-91. Recuperado en 21 de julio de 2021, de http://www.scielo.org.mx/scielo.php?script=sci_ arttext&pid=S0186-10422008000300005&lng=es&tlng=es.

Cajiga Calderón. Juan Felipe (s.f.). *El Concepto De Responsabilidad Social Empresarial*. Centro Mexicano para la Filantropía. https://www.cemefi.org/esr/images/stories/ pdf/ esr/concepto_esr.pdf

Comisión De Las Comunidades Europeas. (2001). *LIBRO VERDE. En C. D. EUROPEAS, LIBRO VERDE (pág. 7). Bruselas*

Escuela de Organización Industrial [EOI] (2014). *Responsabilidad social empresarial (RSE) Incrementa la competitividad de las empresas que lo aplican de una manera estratégica.* https://www.eoi.es/ blogs/embacon/ 2014/02/01/responsabilidad-social-empresarial-rse-incrementa-la-competitividad-de-las-empresas-que-lo-aplican-de-una-manera- estrategica/

Fundación de Empresariado chihuahuence A.C (FECHAC). (2016). *Autodiagnostico de la RSE. FECHAC.* Obtenido de Responsabilidad Social Empresarial: http://www. fechac.org/pdf/instrumento_de_autodiagnostico_de_ rse_para_las_empresas.pdf

Gálvez, Mónica (2020) Página WEB *Competitividad y Sostenibilidad.* La RSE como factor clave para aumentar la competitividad. https://www.compromisorse.com/ upload/reportaje /000/72/76-85_reporconsejo.pdf

Organización de las Naciones Unidas (ONU). (2015). *ONU. Objetivos del Desarrollo Sostenible:* https:// www.un.org/sustainabledevelopment/es/sustainable-consumption-production/

Presuttari Leisa (2016). Tesis Importancia de la Responsabilidad Social Empresarial https://repositorio.

uesiglo21.edu.ar/bitstream/handle/ues21/13053/
PRESUTTARI%20Leis
a. pdf?sequence=1&isAllowed=y

Sánchez, Tello Jorge (2020) La importancia de la
Responsabilidad Social en los negocios. Paradigma
Liberal. Blog Dinero en Imagen. https://www.
dineroenimagen.com/blogs/paradigma-   liberal/la-
importancia-de-la-responsabilidad-social-en-los-
negocios/127672

Secretaría de Economía. (2009). *Secretaría de Economiá.
Ley para el Desarrollo y la competitividad de la Micro,
Pequeña y Mediana Empresa.* : https://www.economia.
gob.mx/files/marco_ normativo/A539.pdf

Seresponsable. (04 de o4 de 2014). *Responsabilidad Social
Empresarial* http://www.seresponsable.com/ 2014/04/04/
rse-mexico/

Capítulo 4
Creación de valor social de la PyME y sus stakeholders a partir de la Responsabilidad Social Empresarial Estratégica

Javier Guzmán Obando
Juan Carlos Guzmán García
Ángel Francisco Olivera Zura
Roberto Bautista García
Carlos Alfredo Loredo Hernández

RESUMEN:

El capítulo examina la creación de valor social de iniciativas estratégicas de Responsabilidad Social Empresarial (RSE). Se utiliza un diseño de caso único cualitativo adoptando el enfoque de interpretivismo, en una empresa de productos lácteos de Misantla, Veracruz. Según los hallazgos, la RSE estratégica mejoró las habilidades del negocio y de los stakeholders que son el público de interés para una empresa que permite su completo funcionamiento, refiriéndose a todas las personas u organizaciones que se relacionan con las actividades y decisiones de una empresa como: empleados, proveedores, clientes, gobierno, entre otros. Lo anterior, dio como resultado un cambio positivo en sus vidas. Además, las esperanzas y los sueños se crean dentro de los stakeholders rurales y mejoran su mentalidad empresarial. La creación de valor social también se produce a partir de actividades estratégicas de RSE en forma de aumento de los ingresos y ampliación de las opciones de vida, mejora de las condiciones de vida, restauración de derechos y deberes, desarrollo del capital social y mejora del conocimiento. Los hallazgos son compatibles con la teoría de los stakeholders, ya que la creación de valor social ocurrió en mayor medida cuando la organización construye una relación más cercana con sus stakeholders.

I. INTRODUCCIÓN

La gestión contemporánea está fuertemente centrada en las interrelaciones entre la empresa y la sociedad (Prahalad y Hammond, 2002; Prahalad, 2006, Porter y Kramer 2011). En particular, la ventaja competitiva sostenible de la empresa se basa en cómo trata con la sociedad y su dinámica. Por tanto, la Responsabilidad Social Corporativa o Empresarial (RSE) surge no como una moda de gestión, sino que se convierte en la piedra angular de la gestión futura y la estrategia empresarial. Por lo tanto, la RSE se ha investigado ampliamente en el ámbito académico como un fenómeno corporativo crítico en la gestión empresarial. Sin embargo, no se ha examinado para explorar cómo crea valor para la sociedad. Por tanto, este capítulo pretende explorar la creación de valor social de las actividades estratégicas de RSE. En particular, se examina cómo contribuye al bienestar de la sociedad que no ha sido explorado desde la perspectiva de la RSE. Al crear valor para la sociedad, se ve a la RSE como una actividad estratégica y también incorpora el enfoque de la teoría de los stakeholders.

La perspectiva actual de la RSE en el sector empresarial de Misantla ha evolucionado de forma muy lenta. En este caso, las áreas críticas cubiertas por los proyectos de RSE existentes incluyen la protección del medio ambiente, la conciencia y la prevención de riesgos para la salud, el desarrollo de capacidades, el empoderamiento de los jóvenes y el desarrollo de las PYME, etc. Estos programas iniciados por empresas locales de Misantla son importantes en el sentido de crear valor social principalmente en las zonas rurales. Además, la Cámara de Comercio opina que la sostenibilidad se ha convertido en un imperativo comercial para todas las empresas de Misantla, independientemente del tamaño de la empresa. Por tanto, la penetración de la RSE como fenómeno empresarial mejora en todo el sector privado de Misantla. Otro movimiento son algunos de los empresarios de Misantla que tienen éxito en sus negocios, iniciaron fundaciones e iniciativas dirigidas a diferentes causas sociales. Por tanto, la RSE se está convirtiendo en un fenómeno empresarial importante en las organizaciones empresariales de Misantla.

La importancia teórica y práctica de este capítulo se puede explicar de varias formas. En primer lugar, considera la RSE como un fenómeno socialmente construido, que debe ser estudiado desde la perspectiva social y va más allá del análisis a nivel organizacional, sino que se incluye el nivel de stakeholders. En segundo lugar, la importancia de la RSE se explica a través de una perspectiva más amplia en lugar de simplemente examinar la RSE y el desempeño financiero de una empresa que ha sido investigada extensamente (Aguilera et al., 2007; Chand y Fraser, 2006; Margolis & Walsh, 2001; McWilliams y Siegel, 2001; Orlitzky et al., 2003). Empíricamente, esta investigación es importante debido al uso de múltiples informantes para recopilar datos y debido al diseño de investigación cualitativa que generará una perspectiva más profunda sobre las prácticas de RSE de una empresa de Misantla. En tercer lugar, incluso Misantla es conocida por su hospitalidad y su cultura única. La RSE es un campo relativamente inexplorado, incluso las empresas están destinando una cantidad considerable de dinero a él.

El presente capítulo comienza con la revisión de la literatura relevante sobre RSE estratégica y creación de valor social. Se muestra el entorno de la investigación. Después se presenta la metodología del estudio. A continuación, se presentan los resultados y las discusiones. La sección final muestra las conclusiones del estudio.

II. FUNDAMENTACIÓN TEÓRICA

La RSE como área de investigación se ha disparado durante los últimos años (Muller y Kolk, 2010; Smith, 2003).

Blowfield y Murray (2008) mencionaron que este énfasis creciente convirtió a la RSE en lo más nuevo y "viejo" en la investigación de la gestión. La literatura académica sobre

RSE se remonta al menos a la década de 1950, pero aún no hay consenso sobre la definición de RSE. Griffin (2000) mencionó que la RSE es conceptualizada por diferentes académicos de diferentes maneras.

Puede expresarse sobre la base de una colección de varios términos incluyendo "filantropía corporativa, ciudadanía corporativa, ética empresarial, participación en los stakeholders, participación comunitaria, responsabilidad corporativa, inversión socialmente responsable, sostenibilidad, triple resultado, responsabilidad corporativa y desempeño social corporativo" (Silberhorn y Warren 2007). Bowen (1953), uno de los pioneros que definió la RSE como "Responsabilidad Social (RS) se refiere a las obligaciones de los empresarios de perseguir esas políticas, tomar esas decisiones, o seguir aquellas líneas de acción que sean deseables en cuanto a los objetivos y los valores de nuestra sociedad". En particular, Bowen opinaba que la responsabilidad social no es una solución para todos los problemas sociales de una experiencia empresarial, pero será una guía adecuada para los negocios en el futuro. Una de las definiciones más citadas sobre RSE es proporcionada por Carroll (1979) como "La responsabilidad social de las empresas engloba las expectativas económicas, legales, éticas y discrecionales que la sociedad tiene de las organizaciones en un momento dado". Particularmente, es importante que la RSE se expanda más allá de las actividades filantrópicas y debe tener un carácter estratégico. La RSE estratégica se trata de relacionar las actividades de RSE con las actividades comerciales centrales de la organización. Porter y Kramer (2011) señalaron que la RSE estratégica debe involucrarse en cuestiones sociales que estén vinculadas con los intereses y operaciones de la empresa. Especialmente, la idea de la RSE estratégica es mantener una alineación de las actividades filantrópicas con los objetivos comerciales, lo que da como resultado la conciliación de los beneficios sociales y económicos. Porter y Kramer (2006) desarrollaron un marco de tres niveles para incorporar los problemas sociales en la estrategia de la organización. Desarrollaron esto como una guía para que las organizaciones prioricen entre los stakeholders y los problemas sociales relevantes con los que tienen que lidiar. En consecuencia, hay tres niveles de interacciones que incluyen cuestiones sociales genéricas, impactos sociales de la cadena de valor y dimensiones sociales del contexto competitivo. Las dos últimas opciones tienen una mayor tendencia a crear RSE estratégica que puede aportar más valores sociales.

En otro intento, Golob y Bartlett (2007) clasificaron el camino evolutivo de las teorías de la RSE en tres fases temporales: (i) su "existencia" desde la década de 1950 hasta la de 1960; (ii) su "proliferación" desde la década de 1970 a la de 1980 y (iii) la "creciente atención" de la década de 1990 a 2000. De manera similar, Preston (1986) dividió esto en cuatro fases: una primera etapa de "gestación e innovación"; la segunda etapa de "desarrollo y expansión"; la tercera etapa de "institucionalización" y una cuarta y última etapa de "madurez".

Rispal y Bonler, (2010) definieron los valores sociales como la relación y la contribución a la sociedad en su conjunto. Por tanto, las organizaciones empresariales necesitan colaborar con la sociedad como punto central de creación de valor social. Dees (2001) mencionó que la creación de valor social se trata de resolver problemas sociales. Además, Drayton (2002) también reiteró la misma idea señalando que el valor social implica la resolución de problemas sociales (por ejemplo, reducción de la pobreza). Para conceptualizar el valor social resulta de gran ayuda el estudio realizado por Portocarrero y Delgado (2010). Con base en 33 estudios de caso en América Latina y España, explicaron el concepto de valor social producido por iniciativas de mercado socialmente inclusivas que involucran al sector de bajos ingresos.

En consecuencia, definieron el término valor social como "la búsqueda del mejoramiento social mediante la eliminación de las barreras que obstaculizan la inclusión social, la asistencia a quienes están temporalmente debilitados o sin voz y la mitigación de los efectos secundarios indeseables de la actividad económica". Por lo tanto, en la creación de valor social es importante vincular las actividades organizacionales con los problemas sociales. Portocarrero y Delgado (2010) mencionaron que existen cuatro categorías de valores sociales:

1. Incrementar los ingresos y expandir las opciones de vida resultantes de la inclusión como agentes productivos en las cadenas de valor del mercado;
2. Ampliar el acceso a bienes y servicios que mejoran las condiciones de vida;
3. Construir ciudadanía política, económica y ambiental a través de la restauración de derechos y deberes; y,
4. Desarrollar capital social a través de la construcción de redes y alianzas.

Recientemente, el entorno empresarial corporativo se ha visto rodeado de fuertes grupos de stakeholders que tienen un pensamiento consciente sobre cómo las corporaciones podrían mejorar su imagen pública y ayudar en el desarrollo social y la sostenibilidad (Carroll y Shabana, 2010). De hecho, esta conciencia pública de los stakeholders llevó a crear el concepto de escrutinio público que pide a las empresas que acepten la responsabilidad no solo por sus acciones económicas, sino también por las implicaciones sociales y ambientales de sus actividades (Deegan, Rankin y Voght, 2000). Además, la mayor conciencia pública sobre los problemas sociales corporativos fue también el paso principal para atraer más atención por parte de los stakeholders sobre cómo interpretar las dimensiones del concepto de RSE. De hecho, el concepto de RSE desempeñó un papel importante en el equilibrio de las necesidades de los accionistas y los stakeholders. Al respecto, está documentado y Jones (1980) menciona que la RSE se extiende más allá del deber tradicional hacia los accionistas hacia otros grupos sociales como clientes, empleados, proveedores y comunidades vecinas". En la actualidad, muchas empresas corporativas no solo prestan atención para obtener ganancias y aumentar la riqueza de los accionistas, sino que también buscan asegurarse de tener un impacto positivo en la sociedad manteniendo relaciones sólidas y cohesivas con sus partes interesadas (Chen y Wang, 2011; Fialka, 2006; Deegan, Rankin y Voght, 2000). De acuerdo con esto, Frynas (2009) opinó que el concepto de RSE ha sido aceptado por los stakeholders corporativos como un enfoque para abordar los impactos sociales y ambientales de las empresas. En consecuencia, existe un consenso generalizado de que el concepto de RSE y su filosofía está remando continuamente y convirtiéndose en una tendencia global en las últimas décadas (Carroll y Shabana, 2010; Lu y Castka, 2009). Esto implica que el nivel actual de RSE evolucionó con el tiempo; por lo tanto, observar esta evolución es muy importante. Además de esto, el enfoque de este estudio es cómo las teorías filosóficas de la RSE se han desarrollado a lo largo del tiempo.

En particular, se puede identificar la teoría de los stakeholders para representar cómo se produce la creación de valor a partir de la RSE. Wheeler et al. (2003) sostuvo que "la teoría de los stakeholders se ocupa de la creación de valor en múltiples frentes, de la justicia social, de la estabilidad y del papel de las empresas en la sociedad". Principalmente, la idea de la teoría de los stakeholders es que se requiere que las organizaciones desarrollen relaciones con sus partes interesadas al comprender sus intereses y responsabilidades. Por lo tanto, este estudio se basa en una propuesta prevista de que "La RSE estratégica crea valor social al desarrollar relaciones con los stakeholders".

III. ENTORNO

El estudio se centra en el municipio de Misantla integrada por 37 Comunidades y la ciudad de Misantla, geográficamente observadas en la figura 1, las cuales son: Arroyo Hondo, Arroyo Frio, Buenos Aires, Coapeche, Chapachapa, Francisco Sarabia, Francisco I. Madero, Guillermo Badillo, Guadalupe Victoria, Ignacio Allende, Ignacio Zaragoza, Juan Jacobo Torres, La Lima, Libertad, La Defensa, Las Lajas, La Piedad, Morelos, Moxillón, Manuel Gutiérrez Nájera, Máximo García, Pueblo Viejo, Palpoala Ixcan, Paso Blanco, Plan de la Vega, Plan de la Vieja, El Pozón, Santa Cruz Hidalgo, Santa Cruz Buena Vista, Salvador Díaz Mirón, Troncones, Tapapulum, Trapiches, Vicente Guerrero, Venustiano Carranza, Villa Nueva, y Misantla (Centro).

Con base al nivel de marginación (INEGI, 2010), se decide realizar el diagnóstico sobre las potencialidades a nueve Comunidades, las cuales se identifican en la Figura 2, las cuales fueron: La Lima, Manuel Gutiérrez Nájera, Pueblo Viejo, Paso Blanco, El Pozón, Salvador Díaz Mirón, Trapiches, Vicente Guerrero, y Villa Nueva.

LA RESPONSABILIDAD SOCIAL Y SU IMPACTO EN LAS ORGANIZACIONES

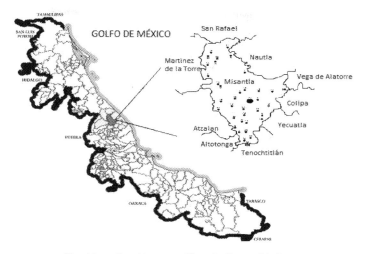

Fig. 1 Localización geográfica de Comunidades en
el municipio de Misantla, Veracruz (2021)

Fig. 2 Comunidades del municipio de
Misantla, sujetas de estudio (2021)

Aun cuando el municipio de Misantla tiene fortalezas desde las cuales se puede potencializar alguna actividad económica e incluso trabajar de manera coordinada de forma intermunicipal para activar dichas actividades, el municipio se encuentra inmerso en una carente estructura empresarial, producto de una estéril infraestructura de servicios y/o suministros propios para impulsar y desarrollar actividades empresariales en el municipio y la región.

Una de las actividades económicas de Misantla es la de la producción de productos lácteos a partir de la leche que distribuyen los ganaderos y agricultores de la región. Para el presente estudio se considera a la empresa "La Lechera de Misantla" (LLM, en adelante) (Nombre ficticio y anónimo de la empresa, solicitado por los directivos, con el fin de proteger los datos e información que se extrae de la misma como resultado de la presente investigación).

IV. METODOLOGÍA

La presente investigación se basa en un enfoque de interpretivismo, ya que el investigador necesita tratar directamente con los informantes para comprender su perspectiva interna sobre la RSE y su creación de valor social. Por lo tanto, este estudio adoptó un diseño de estudio de caso único integrado cualitativo como metodología del estudio (Yin, 2009). El estudio de caso seleccionado para esta investigación es LLM, que se inició en 1985 como un negocio familiar gracias a la gran producción de leche en la región de estudio. El motivo de la selección de esta organización es la práctica de actividades estratégicas de RSE en función de sus principales operaciones empresariales.

Se utilizaron fuentes primarias y secundarias para recopilar los datos. Los datos secundarios se recopilan principalmente mediante el uso de pruebas documentales a través de informes anuales, informes de gestión interna, artículos de periódicos, revistas de la industria, documentos relacionados de Internet y páginas web de la empresa, etc. Los datos primarios se recopilan a partir de entrevistas y observaciones. Se utilizan principalmente entrevistas semiestructuradas en profundidad. Este método de entrevista es útil para recopilar información detallada de los encuestados. Las entrevistas se llevan a cabo con múltiples informantes, incluidos los interesados internos y externos de los programas de RSE en LLM. Los stakeholders internos incluyen al Gerente General (GG) y al Gerente de Cadena de Suministro. Los stakeholders externos incluyen principalmente a los beneficiarios de los programas de RSE, incluidos los agentes de distribución, los representantes de ventas, los agricultores, ganaderos, minoristas y la comunidad local. Además, se utilizó un enfoque de guía de entrevista general al realizar entrevistas con estas partes interesadas. Todos los stakeholders se seleccionan sobre la base de un muestreo intencional, ya que se debe seleccionar a los encuestados correctos y bien informados para el estudio.

Se utilizaron varias técnicas de análisis de datos. Una de ellas es el análisis de contenido y, en este caso, los problemas clave se identifican dentro del estudio de caso. Se trata de generar agregación categórica (codificación abierta). La otra técnica de análisis es la coincidencia de patrones. Se trata principalmente de comparar el patrón de base empírica con el patrón predicho. La propuesta prevista de este estudio se desarrolla en base a la revisión de la literatura y es que "La RSE estratégica crea valor social al desarrollar relaciones con los stakeholders".

V. RESULTADOS Y DISCUSIÓN

Tipos de valores sociales creados a partir de la RSE en LLM

Esta sección presenta los tipos de valores sociales desarrollados a partir de las actividades estratégicas de RSE en la organización. LLM cuenta con varios programas en los que intervienen los stakeholders, analizando los que a continuación se mencionan.

Estos valores sociales se adoptan de varias formas, como se analiza a continuación. En primer lugar, se considera que el programa "Ser el cambio" de la empresa analiza esta creación de valor social a partir de las actividades de RSE. Por consiguiente, GG señaló su experiencia del programa de la organización "Ser el cambio" en el siguiente extracto.

Extracto 1

Investigador: ¿Qué importancia tiene el programa "Ser el cambio" para los empresarios?

GG: Hay muchos empresarios que reabrieron sus negocios luego de integrarse a este programa.

Investigador: ¿Por qué brinda consejos a las personas a través de los programas de RSE?

GG: No creo en proporcionar dinero y otras cosas gratis para la gente, y puede que no resuelva el problema de la pobreza y también otros problemas sociales. Lo que tenemos que hacer es mejorar sus habilidades para salir de la pobreza.

Según este extracto, la "reanudación de negocios cerrados" puede verse como una forma de mejorar las condiciones de vida y los ingresos de las personas. Más importante aún, GG rechaza "proporcionar dinero" (es decir, filantropía pura) para resolver los problemas sociales como la "pobreza". En cambio, opina que es importante "mejorar las habilidades", lo que puede verse como una solución sostenible para los problemas sociales. Esta misma idea es proporcionada por el Agente1 de LLM como "Creo firmemente que no necesitamos apoyo monetario y, en cambio, necesitamos nuevas ideas y directrices sobre cómo llevar a cabo el negocio con éxito". Por lo tanto, el argumento común es que las organizaciones deben invertir en la mejora de las habilidades y competencias de los stakeholders para crear valor social en lugar de participar en meras donaciones.

La idea anterior de "mejorar las habilidades" fue vista por un minorista de la compañía Minorista1 de una manera diferente al mencionar que "El programa 'Ser el cambio' me permite alejarme de los mitos y ponerme en el camino correcto". La idea de este minorista reflejaba que sus habilidades están ocultas por los mitos y el programa "Ser el cambio" les ayudó a ver la realidad principalmente al hacer un negocio. Por lo tanto, evitar los mitos y agudizar la capacidad de ver la realidad también puede verse como una forma de crear valor para la sociedad.

El extracto 2 destaca los valores creados para los agentes y sus representantes de ventas a partir de los programas de RSC de la empresa y su participación en la empresa.

Extracto 2

Investigador: ¿Cómo cambió al asistir a las conferencias de pensamiento positivo de la empresa?

Empresario1: Mi personal de ventas y yo siempre obtenemos la motivación necesaria para hacer negocios a través de los programas de la empresa. Puedo escapar del miedo a hacer negocios asistiendo a varios seminarios.

Investigador: ¿Incluso su oficina parece diferente?

Empresario1: Sí. La empresa siempre nos aconseja que tengamos nuestras oficinas correctamente y creo que esta es la única oficina que tiene un empresario en nuestro pueblo. Incluso podemos manejar nuevas tecnologías ya que la empresa quiere que las usemos.

Según la idea de Empresario1, la "motivación" y "alejarse del miedo" son fundamentales para la comunidad empresarial de pequeña escala. Estos esfuerzos influyen en ellos para mejorar los ingresos y sus condiciones de vida. Además, "tener una oficina propia" es importante para que un empresario rural como Empresario1 mejore su status y opciones de vida.

Además, "manejar nueva tecnología" puede hacer avanzar su conocimiento sobre el mercado. Asimismo, Empresario1 mencionó que "muchos minoristas han cambiado su forma de hacer negocios asistiendo a las conferencias de LLM de pensamiento positivo. Más importante aún, aprendieron a hacer negocios de una manera más profesional cambiando incluso la apariencia de la persona. "Algunos han organizado bien su tienda para dar un buen servicio al cliente". Esto también evidencia que los grupos de interés están adoptando sus aprendizajes al participar en las iniciativas de RSE de la empresa para mejorar los ingresos y restablecer los deberes.

El siguiente extracto de la entrevista muestra la importancia de los programas de RSE para cambiar la mentalidad de las personas.

Extracto 3

Investigador: ¿Entonces su vida cambió después de las conferencias de pensamiento positivo?

Vendedor1: Sí, no tenía una expectativa de vida clara antes de unirme a la empresa. Pero estas conferencias crearon un objetivo para mi vida. Francamente, solo estaba jugando con mis amigos en el pueblo y mis padres; tampoco fui lo suficientemente educado para explicarme la vida real. Así que, lo que aprendí está siempre en mi mente y comparto esta historia con algunos de mis amigos.

Investigador: Entonces, ¿cuál es su reacción?

Vendedor1: Dos de ellos se unieron después de escucharme. Pero no continuaron con el trabajo.

Este extracto muestra que Vendedor1 pudo desarrollar un "objetivo para la vida" y esto será importante para que una persona explore sus opciones de vida en el futuro. Esto es realmente importante para una persona como Vendedor1 porque su entorno rural lo priva de convertirse en una persona exitosa. Además, pudo difundir esta idea entre sus amigos, incluso si no tuvieron éxito. Cuando se observa la filosofía de LLM (una de las iniciativas de RSE de la empresa) se afirma que la gente está viviendo en la pobreza porque la mayoría de ellos no reconoce su potencial real y la falta de fuerza de voluntad es la base sobre el que se sustenta este movimiento por lo que la puesta en marcha de objetivos en la mente de las personas definitivamente puede agregar valor a sus vidas.

En resumen, la tabla 1 presenta los conceptos y categorías surgidos de los datos con respecto a los valores sociales creados a partir de las iniciativas de RSE de la organización bajo la codificación abierta.

Tabla 1 Codificación abierta para valores sociales creada a partir de RSE: conceptos y categorías

Fuente de datos	Conceptos	Categoría
Entrevistas con agentes y minoristas	Comprender la forma correcta de hacer negocios, comprar activos físicos para generar mayores ingresos (por ejemplo, vehículos, tierras), emplear a titulares de títulos no utilizados en el campo de la agricultura, mejorar el estatus en la sociedad, mejorar la capacidad y el espíritu empresarial	Aumento de los ingresos y ampliar las opciones de vida.

Entrevistas con agentes, vendedores y minoristas.	Mejorar la confianza en uno mismo, adoptar actitudes positivas, mejorar la atención médica en la familia, comprar vehículos (motos, triciclos y automóviles), disminuir la presión laboral, mejorar la reputación dentro de la región.	Mejora de las condiciones de vida
Entrevistas con agentes	Adopción de métodos adecuados en las empresas, ocupándose de los asuntos familiares.	Restauración de derechos y deberes
Entrevistas con vendedores y agentes	Desarrollar relaciones con agentes y minoristas, apego a la empresa, intercambio de conocimientos entre las partes de la empresa.	Desarrollo de capital social
Entrevistas con agricultores, minoristas y agentes	Mejorar el conocimiento comercial y del mercado, practicar métodos de trabajo correctos, desarrollar las habilidades de los agricultores, mejorar el nivel de educación de los niños en la familia	Mejora del conocimiento

Fuente: Propia a partir de entrevistas con los stakeholders.

Creación de valor social a partir del desarrollo de relaciones con los stakeholders

La relación que LLM desarrolla con sus stakeholders genera valor para la sociedad. Por lo tanto, la evidencia de esta idea se presenta en esta sección destacando las ideas de los diferentes grupos de interés de la empresa.

A lo largo de los años, la recolección de leche de buena calidad es uno de los mayores desafíos a los que se enfrenta la empresa y para superar esta situación la compañía está trabajando muy de cerca con algunas organizaciones de agricultores brindándoles el asesoramiento y la orientación necesarios. Especialmente, en una región en desarrollo como Misantla es importante establecer relaciones estrechas con los agricultores debido a su falta de conocimiento técnico y profesionalismo. Estas relaciones son importantes para agregar valor a la comunidad rural. El siguiente extracto muestra la importancia de estas relaciones para que los agricultores agreguen valor a sus vidas.

Extracto 4

Investigador:	¿Entonces tiene una buena relación con la empresa?
Granjero1:	Sí, le suministro leche a LLM desde hace siete años.
Investigador:	¿Por qué cree que la relación con la empresa es importante?
Granjero1:	La empresa nos brinda conocimientos técnicos y también me dieron un préstamo para comprar dos vacas más para mi establo.
	Puedo ganar alrededor de 12,000 mensuales mediante el suministro de leche a la empresa.
Investigador:	¿Cómo usó ese dinero?
Granjero1:	Tengo dos hijas y ambas están estudiando en universidades. Por tanto, este dinero se utiliza principalmente para su educación.

Según el extracto anterior, está claro que Granjero1 está suministrando leche a LLM durante siete años y tiene una sólida relación como agricultor. Como resultado de esta relación, ha adquirido conocimientos técnicos y apoyo financiero de la empresa. Más importante aún, la educación universitaria de sus dos hijas depende principalmente de este dinero ganado de LLM. Así, el gasto de Granjero1 en la educación de sus hijas confirma la creación de valor social de las iniciativas estratégicas de RSE derivadas de la redefinición de las actividades de la cadena de valor en LLM.

GG en LLM también ha destacado la importancia de trabajar en colaboración con las instituciones sociales en la realización de iniciativas de RSE. Especialmente dijo que "después de comenzar el "club de mentes positivas", la mayoría de los grupos de la sociedad y los grupos juveniles se conectaron con nosotros. Siempre les digo que cambien el enfoque y los objetivos de su agrupación de manera positiva. Por ejemplo, las cosas que discutieron dentro de su grupo deben ser solo las positivas y abstenerse de discutir cosas e historias innecesarias. Por tanto, un gran número de agrupaciones están conectadas con nosotros". Esto refleja que la empresa está interesada en desarrollar relaciones con la sociedad a través de sus actividades de RSE. Además, esto implica que los stakeholders pueden beneficiarse socialmente a través de estas iniciativas.

A continuación, se incluye un extracto del Agente1 de la Empresa1, que indica la relación que tenía con LLM para mejorar sus conocimientos y habilidades para mejorar las operaciones comerciales.

Extracto 5

Agente1: Tuve una buena relación con la empresa y desde el principio yo participé en programas de pensamiento positivo en LLM. En particular, los discursos de nuestro director general hicieron cambios en mi vida empresarial y mi confianza en mí mismo aumentó para hacer el negocio. Pude enfrentar los desafíos en mi vida empresarial gracias a la orientación recibida en los programas de LLM. Llegué a esta posición actual de éxito en mi negocio desde que aprendí el arte de hacer negocios a través de estos programas. Estos programas crearon sueños en nuestra mente sobre el éxito y nos enseñaron el conocimiento para emprender el negocio. Especialmente, aquellos que han escuchado y seguido estos programas lograron una posición de gran éxito en sus negocios.

Personalmente, creo que estos programas crearon un negocio de gran éxito con buenas redes.

El extracto anterior enfatizó la mejora del conocimiento dentro de la carrera empresarial de Agente1. En particular, la "confianza en sí mismo", el "cambio", los "sueños", el "saber hacer" y las "redes" se pueden ver como bases esenciales para convertirse en un emprendedor exitoso en los negocios actuales, por lo que las estrechas relaciones que se cultivan a través de los programas de RSE de LLM potencian la capacidad emprendedora de sus agentes y esto puede ser considerado como una nueva faceta de generación de valor a la sociedad.

Estas iniciativas de RSE de la empresa abordaron muchos problemas sociales disponibles en la economía rural de Misantla, incluida la pobreza rural, el desempleo y la falta de habilidades. Por lo tanto, es importante que las autoridades pertinentes tomen acciones para vincular continuamente estos temas sociales con los programas de RSE del sector empresarial local. Por lo tanto, las organizaciones empresariales deben cambiar a un compromiso más profundo y basado en valores con los stakeholders en la realización de iniciativas de RSE para crear valor para la sociedad.

VI. CONCLUSIONES

Las actividades estratégicas de RSE de LLM crean diferentes tipos de valores sociales para los stakeholders. Mejorar las capacidades de las personas es una forma principal de crear valor social para los stakeholders. Esto es realmente importante para crear un impacto social sostenible porque permite el acceso a una variedad más amplia de habilidades en la sociedad. En este caso, el cambio de la filantropía al desarrollo de habilidades tiene un mayor impacto positivo. Los stakeholders más cercanos del negocio, incluidos agentes, representantes de ventas y minoristas, se han motivado debido a su participación en programas de RSE que agregan valor a sus negocios y cambiaron sus vidas de manera positiva al inculcar esperanzas y sueños que faltaban en las personas provenientes de áreas remotas de la región donde prevalecen los mitos sobre la vida. De modo que, estas iniciativas de RSE mejoran la mentalidad empresarial de los stakeholders para construir una red empresarial sólida para la organización. Además, la creación de valor social se produjo a partir de iniciativas de RSE en forma de aumento de ingresos y ampliando las opciones de vida, mejorando las condiciones de vida, restableciendo los derechos y deberes, desarrollando el capital social y la mejora del conocimiento.

Más importante aún, la creación de valor social se produjo en mayor medida cuando la empresa construye una relación más estrecha con sus grupos de interés. Por tanto, los hallazgos se cumplen con el enfoque de la teoría de los stakeholders y satisface la propuesta desarrollada al inicio del estudio.

Estas iniciativas de RSE de la empresa abordaron muchos problemas sociales disponibles en la economía rural de Misantla, incluida la pobreza rural, el desempleo y la falta de habilidades. Por lo tanto, es importante que las autoridades pertinentes tomen acciones para vincular continuamente estos temas sociales con los programas de RSE del sector empresarial local. Por lo tanto, las organizaciones empresariales deben cambiar a un compromiso más profundo y basado en valores con los stakeholders en la realización de iniciativas de RSE para crear valor para la sociedad.

REFERENCIAS

Aguilera, R.V., Rupp, D.E., Williams, C.A. and Ganapathi, J. (2007), "Putting the S back incorporate social responsibility: a multilevel theory of social change in organizations", *Academy of Management Review*, Vol. 32 No. 3, pp. 836-863.

Blowfield, M. and Murray, A. (2008), *Corporate Responsibility: A Critical Introduction*, Oxford: Oxford University Press.

Bowen, H. (1953), *Social Responsibilities of the Businessman*, New York: Harper.

Carroll, A. B., and Shabana, K., (2010). The Business Case for Corporate Social Responsibility: A Review of Concepts, Research and Practice, International Journal of Management Reviews, 12, 85-105.

Carroll, A.B. (1979), "A three-dimensional conceptual model of corporate social performance", *Academy of Management Review*, Vol. 4 No. 4, pp. 497–505.

Chand, M. and Fraser, S. (2006), "The relationship between corporate social performance and corporate financial performance: Industry type as a boundary condition", *The Business Review*, Cambridge, Vol. 5 No. 1, pp. 240-245.

Chen, H. and Wang, X. 2011. Corporate social responsibility and corporate financial performance in China: an empirical research from Chinese firms. Corporate Governance. 11(4): pp.361-370.

Deegan, C., Rankin, M., and Voght, P., (2000). Firms' Disclosure Reactions to Major Social Incidents: Australian Evidence, Accounting Forum, 24, 101-130.

Deegan, C., Rankin, M., and Voght, P., (2000). Firms' Disclosure Reactions to Major Social Incidents: Australian Evidence, Accounting Forum, 24, 101-130.

Dees. J. G. (2001) *The Meaning of -Social Entrepreneurship"*, available at http://www.caseatduke.org/documents/dees_sedef.pdf, accessed on March 22, 2016.

Drayton, B. (2002), "The citizen sector: becoming as entrepreneurial and competitive as business", *California Management Review*, Vol. 44 No. 3, pp. 120-132.

Golob, U., and Bartlett, J, L., (2007). Communicating about Corporate Social Responsibility: A Comparative Study of CSER Reporting in Australia and Slovenia, Public Relations Review, 33, 1-9.

Griffin, J.J.(2000), "Corporate social performance: Research directions for the 21st century", *Business & Society*, vol. 39 No. 4, p. 479-491.

Jones, M. (1980). Corporate Social Responsibility Revisited, Redefined, California Management Review, 22, 59-67.

Kelegama, S. (2014), „Strategic focus: Aligning private sector CSR efforts to national priorities for development, *CSR Conference: Responsible Corporate Growth Strategic Focus Resilience.*

Lu, J.Y., and Castka, P. (2009). Corporate social responsibility in Malaysia–experts' views and perspectives. Corporate Social Responsibility and Environmental Management, 16(3), 146-154. http://dx.doi.org/10.1002/csr.184.

Margolis, J. D. and Walsh, J. P. (2003), *People and profits? The search for a link between a company's social and financial performance*, Mahwah, NJ: Lawrence Erlbaum.

McWilliams, A.and Siegel, D. (2001), "Corporate social responsibility: a theory of the firm perspective", *Academy of Management Review*, Vol. 26 No. 1, pp. 117-128.

Muller, A. andKolk, A. (2010), "Extrinsic and intrinsic drivers of corporate social performance: Evidence from foreign and domestic firms in Mexico", *Journal of Management Studies*, Vol. 47 No. 1, pp. 1-26.

Orlitzky, M., Schmidt, F. L. and Rynes, S. L. (2003), "Corporate social and financial performance: A meta -analysis", *Organization Studies,* Vol. 24 No. 3, pp. 403-441.

Porter, M.E. and Kramer, M.R. (2006), "Strategy and society: the link between competitive advantage and corporate social responsibility", *Harvard Business Review*, Vol. 84, pp. 78-92.

Porter, M.E. and Kramer, M.R. (2011), "Creating shared value", *Harvard Business Review*, 89(1/2), pp. 62-67.

Portocarrero, F. and Delgado, Á. J. (2010),"Inclusive business and social value creation", In P. Márquez, E. Reficco and G. Berger (Eds.), *Socially Inclusive Business: Engaging the Poor through Market Initiatives in Iberoamerica*, Cambridge: Harvard University Press, pp. 261-293.

Prahalad, C.K. (2006), *The Fortune at the Bottom of the Pyramid: Eradicating Poverty through Profits*, Upper Saddle River, NJ: Wharton School Publishing.

Prahalad, C.K. and Hammond, A. (2002), "Serving the world"s poor profitably", *Harvard Business Review*, Vol. 80 No. 9, pp. 48- 58.

Rispal, H. H. andBonler, J. (2010), Social entrepreneurship in France: organizational and relational issues in A. Fayolle and H. Matlay (eds), *Handbook of Research on Social Entrepreneurship*, UK: Edward Elgar Publishing Ltd, pp. 109-124.

Silberhorn, D. and Warren, R.C. (2007), "Defining corporate social responsibility: A view from big companies in Germany and t he UK", *European Business Review*, Vol. 19 No. 5, pp. 352–372.

Smith, N.C. (2003), "Corporate social responsibility: Whether or how?",*California Management Review*, Vol. 45 No. 4, pp. 52-76.

Sunday Times, December 07, 2014, "CBL's caring approach towards the society recognized once again".

Wheeler, D., Colbert, B. A. and Freeman, R. E. (2003), "Focusing on value: Reconc iling corporate social responsibility, sustainability and a stakeholder approach in a network world", *Journal of General Management*, Vol. 28 No. 3, pp. 1–28.

Yin, R.K. (2009), *Case Study Research: Desig*

Capítulo 5
Diseño de estrategias para las unidades de producción de bagre de canal en la Zona Sur del Estado de Tamaulipas

María Elena Martínez García
Blanca Leticia Diaz Mariño
José Raúl Valenzuela Fernández
Rocío Vargas Cruz

DISEÑO DE ESTRATEGIAS PARA LAS UNIDADES DE PRODUCCIÓN DE BAGRE DE CANAL EN LA ZONA SUR DEL ESTADO DE TAMAULIPAS

Antecedentes.

Unos de los sectores más importantes del Estado de Tamaulipas es el sector pesquero, contando en ese sector con las unidades de producción acuícola, que se caracterizan por el desarrollo de los cultivos de cuidado y engorda de bagre de canal en la Zona Sur y parte del municipio de Aldama.

Tamaulipas es considerado el mayor productor de bagre de canal con el 40% total de la producción a nivel nacional, que es aproximadamente de 1,200 Toneladas anuales, que debido al potencial económico que representa en el estado es de suma importancia saber que Tamaulipas cuenta con 30 Unidades en el estado, (Subdelegaciones de Pesca, 2012).

En el Estado de Tamaulipas existen diversas especies de interés para el cultivo como son:

1) Camarón Blanco
2) Bagre de Canal
3) Tilapia
4) Langosta Australiana
5) Cocodrilo

Todas estas especies requieren atributos ambientales de forma común como son los cuerpos de agua, ya que se habla de acuacultura, y a su vez la calidad de agua para todos es un requisito variando, entre ellas la importancia ante otros atributos ambientales y el desarrollo de la especie de Bagre de canal, recordemos que el sitio, diseño y construcción de la granja (UPAS), deben seguir los principios de buenas prácticas, apropiadas a las especies que se van a cultivar y requieren de la satisfacción de distintas necesidades que se generan en el cultivo y la engorda del bagre de canal.

El presente caso de estudio se centra en la detección de las necesidades mediante un diagnóstico situacional y el diseño de estrategias, que servirá para el desarrollo de las unidades de producción acuícola, sector tan importante y afectado en la pandemia.

Las familias Tamaulipecas que se dedican a la crianza del bagre de canal, porque al apoyarlos tendrán mejores oportunidades a futuro.

El siguiente estudio de caso se desarrolla en la Zona Sur del Estado de Tamaulipas está compuesta por 18 UPAS (Unidades de Producción Acuícola), distribuidas en los municipios de Tampico, Cd. Madero, Altamira y Aldama, dedicadas al cuidado y engorda del bagre de canal, localizadas en la lagua de San Andrés, con una población mayor a los 350 productores, Dependientes de 12,202 personal de pesca. Delgado et al., (1990)., dicha laguna, comprende una superficie de 732 km², Debido a su diversidad biológica esta región representa una fuente importante de producción y alimentación de las Diferentes especies silvestres y especies piscícolas.

La desembocadura del río Tigre y la intrusión de agua salina en la laguna de San Andrés crea un eco entorno muy interesante en el cual existe una alta diversidad de especies vegetales y animales.

La laguna de san Andrés tiene un nivel de fragmentación medio, ya que es un corredor industrial y carretero, el cual tiene tendencia de crecimiento del área conurbada con baja susceptibilidad e indicios de crecimiento y desarrollo de dicha especie.

Los principales problemas que se identifican en las UPAS dentro de su localización, en la Laguna de San Andrés en dicha laguna, es el crecimiento del puerto de

Altamira y de las ciudades de Tampico, Madero y el municipio de Aldama, también se detectó la alta contaminación causada por la zona industrial y la implementación del manejo inadecuado del proyecto de canal intracostero al igual que el cambio de uso del suelo a pastizales Delgado *et al* (1995).

Las unidades de análisis que se encuentran dentro de los márgenes de dicha laguna y la desembocadura del rio tigre, las cuales son 18 unidades de producción de cultivo y engorda de bagre de canal.

El bagre de canal Ictalurus punctatus es una especie de la cual se conoce su biotecnología de cultivo, es maleable, de fácil domesticación, su carne es de buena calidad, acepta alimento artificial y tiene una buena conversión alimenticia. La especie pertenece a la familia Ictaluridae del orden siluriformes, es una especie neártica, nativa del noreste de México con un origen evolutivo adaptativo en la región, es de distribución general en los ríos del Golfo de México y actualmente con distribución en todo México (Comité de Sanidad Acuícola del Estado de Tamaulipas, 2006).

Podemos mencionar que el bagre de canal es uno de los peces, cuyo potencial comercial es muy provechoso debido a su rápido crecimiento, fácil domesticación y adaptabilidad a diversas condiciones ecológicas, cuenta con características como su fácil reproducción en estanques comúnmente de membranas, es una especie muy adaptable a distintas condiciones, el bagre de canal comercialmente es muy aceptado por sus propiedades como el sabor, color y textura, con una talla comercialmente de 250 a 300 gramos (CONAPESCA, 2009).

El bagre de canal presenta las siguientes características anatómicas:

- Sin escamas.
- Cuerpo aplanado.
- Boca grande con labios delgados.
- El tamaño proporcional entre las hembras y los machos, siendo estos últimos los más grandes
- En la boca tiene seis pares de barbillas sensoriales (pez gato "catfish").
- Coloración.
- Presentan una espina en la parte dorsal, para su propia defensa.
- Aleta caudal fuertemente bifurcada.

La clasificación taxonómica del bagre de canal es: Clase: *Osteichthys*

Orden: *Cypriniformes*
Familia: *Ictaluridae*
Bagre de canal: *Ictalurus punctatus*

El bagre alcanza la madurez sexual a una talla de 25 a 30 cm, con un peso aproximado de 350 g, sin embargo, la plenitud de su madurez sexual la obtiene en un peso que va de 1 a 4.5 Kg y de los 2 a 4 años. Se presenta diferenciación sexual, el inicio de la reproducción está en estrecha relación con la elevación de la temperatura del agua en el periodo de primavera-verano en un mínimo de 22 °C, abarcando mayo-agosto. La fecundación es externa lo cual varía de acuerdo con la talla y peso del organismo. Las hembras desovan una vez al año, el macho es capaz de fecundar varias hembras. El desarrollo del huevo está ligado a la temperatura del agua y en general tarda 8 días en eclosionar manteniéndose en piletas de alevinaje. La temporada de reproducción comprende de marzo a julio, periodo en que la temperatura del agua debe estar por arriba de 21°C. El pico reproductivo se presenta cuando la temperatura fluctúa entre 25.5 y 27.7°C, (CONAPESCA, 2010).

Los bagres son animales sedentarios, con migraciones locales en los lagos, se les encuentra distribuidos en regiones variadas, todas ellas en climas tropicales y subtropicales, en altitudes que van desde los 500 a los 1, 500 m sobre el nivel del mar. El bagre de canal especie nativa de América, naturalmente se distribuye en los ríos tributarios del Golfo de México. Se ha introducido a los estados de Nayarit, Nuevo León, Sinaloa, Tamaulipas, Michoacán y Morelos principalmente, (CONAPESCA, 2007).

Es una especie dulce acuícola que habita principalmente en ríos caudalosos, en presas y en lagos con aguas claras y sombreadas, fondo preferentemente de grava o arenoso, difícilmente se le encuentra en aquellos cuerpos de agua poco profundos o inundados de vegetación, tienen hábitos nocturnos.

A medida que los peces se van desarrollando, sus requerimientos varían, éstos no son muy sustanciales, de tal forma que para los efectos prácticos se consideran dos tipos de alimento; iniciador y engorda, (De la Lanza 1990).

Como en todos los organismos acuáticos, el bagre muestra hábitos alimenticios de acuerdo con cada una de sus etapas de crecimiento:

- En la etapa de cría, el bagre se alimenta de pequeñas hierbas que encuentra en el fondo del cuerpo de agua en el cual se encuentra.
- En su etapa juvenil y adulto, ingiere además de insectos, peces de menor tamaño y alimento balanceado.

La calidad del agua está determinada por sus propiedades fisicoquímicas, entre las más importantes destacan, temperatura, oxígeno, pH, transparencia, entre otras. Estas propiedades influyen en los aspectos productivos y reproductivos de los peces. Por lo que es importante que los parámetros del agua se mantengan dentro de los rangos óptimos para el desarrollo de los peces. Para cultivar bagre es importante que las propiedades fisicoquímicas del agua se mantengan dentro de los parámetros óptimos para garantizar el desarrollo de los peces, (RAMSAR, 2000).

Los estudios sobre el cultivo del bagre en el sistema productivo en México empezaron en los inicios de 1972 en institutitos tecnológicos de México para conocer la situación actual del bagre de canal con respecto a su distribución geográfica histórica y actual, así como de la problemática que enfrentan los sistemas productivos de esta especie en México, y principalmente en los estados de Tamaulipas, Michoacán, Jalisco, Guerrero, Chihuahua y Colima en estanques rústicos o en jaulas flotantes en presas (SAGARPA, 2011).

Los peces bagre son uno de los pocos peces de agua dulce americanos usados en la acuacultura ya que tiene un grado de importancia en el mercado de crecimiento y la diversificación, por lo cual han sido llevados a otras regiones del mundo desde 1950. Por lo tanto, en América Latina en donde mayor éxito ha tenido su cultivo y su comercialización, ya que es una especie nativa de los ríos de la vertiente atlántica del norte de América, encontrándose desde el sur de Canadá hasta el norte de México (Mojica, 2013).

En el 2002 el Estado de Tamaulipas instaló Comités Estatales de Sistema Producto de Acuacultura y Pesca, incluyendo entre ellos el camarón, jaiba y el bagre, especies consideradas prioritarias de acuerdo con el grado de desarrollo potencial y nivel de organización de los productores. Durante el 2003 los productores de bagre de canal del Estado de Tamaulipas recibieron estímulos económicos por más de 7 millones para: construcción de 22 granjas, ordenamiento de 18 granjas mediante apoyo para la elaboración del estudio de impacto ambiental, obra base de 3 parques acuícolas, construcción de planta procesadora de bagre con capacidad de procesar 1000 toneladas por año, con una inversión total de 8.5 millones de pesos y en beneficio de 22 productores de la zona sur, es importante resaltar que es de suma importancia ayude a mejorar y capacidades competitivas, transformando las políticas ya establecidas localmente en la zona sur del Estado de Tamaulipas con el fin de que estas alcancen el desarrollo optimo del sector e incremento de su productividad, apoyando a las políticas territoriales y públicas, su capacidad de competencia está limitada a los apoyos que provienen de la federación a través de SAGARPA, la cual se encuentra limitada, lo cual es necesario crear políticas y estrategias que protejan a estos productores aportando en políticas públicas y regionales, desarrollando y mejorando sus procesos y crear estructuras apropiadas para las estrategias planteadas funcionen. (CONAPESCA, 2006)

Propósito

Debido a su fácil cultivo, el bagre de canal se ha vuelto uno de los principales productos generados por la acuacultura y pesca. Su domesticación y frecuencia de reproducción lo convierte en una de las especies de pez más vendidos.

Desde la implementación de granjas de esta especie en América Latina, el estado de Tamaulipas ha mostrado interés en su producción, lo cual llevo a la creación de numerosas granjas de bagre de canal, 30 confirmadas en el 2011.

Dentro de los objetivos de este proyecto es la detección de las necesidades mediante un diagnóstico situacional y el diseño de estrategias, que servirá para el desarrollo de las unidades de producción acuícola, sector tan importante y afectado en la pandemia, ya que Tamaulipas, representa el 40% del mercado comercial nacional y el cual se necesita y forma parte del sustento de tantas familias tamaulipecas, dentro de las principales problemáticas.

Como se mencionó anteriormente, el Estado de Tamaulipas es considerado el mayor productor de bagre de canal con el 40% de la producción a nivel nacional, con una cantidad aproximada, anualmente de 1,200 Toneladas, representando el 85% de la producción nacional de crías llegando a la cantidad de 10 millones y que debido al potencial económico que representa en el Estado de Tamaulipas, es de suma importancia, el desarrollo de la investigación y la tecnología implementada en las UPAS, cabe mencionar que Tamaulipas, es reconocido mundialmente por el índice de crecimiento exponencial que ha tenido, por lo que es sumamente importante capacitar a las personas productoras de bajos recursos y la formación de más empresas integradoras, diseñando estrategias para las especies mencionadas en cautiverio, mejorando su producción (D. O. F., 2013).

Los principales problemas que se identifican en las UPAS dentro de su localización, en la Laguna de San Andrés, Vázquez et al (1995), menciona que, la Laguna de San Andrés, contiene elementos como el níquel y el cual se encuentra presente en el agua, también existen indicios de tejido de ostión que poseen valores de 0.8 y 3.2 ppm, respectivamente, siendo estos valores inferiores al límite máximo permitido por la (NOM-031-ECOL-93).

Wright (2002), señala que el consumo elevado de dicho elemento puede causar de distintas enfermedades en el ser humano como son (diarreas, vómitos severos, fractura de huesos, problemas en el sistema nervioso central, en el sistema inmune, desórdenes psicológicos, y cáncer).

Las normas oficiales mexicanas (NOM-001-ECOL-1993 y NOM-027-SSA1-1993) establecen que el límite máximo permisible de cadmio en el agua no debe ser mayor a 0.2 ppm y para bivalvos de consumo no debe exceder a 0.5 ppm (D. O. F., 2013).

Por otra parte se encontró que las UPAS, necesitan la implementación de mayor número de programas de capacitación, para los productores en prevención de enfermedades en su producción y técnicas manejo y tratamiento de aguas, mayor promoción de la actividad acuícola y realizar programas de apoyo para impulsar la actividad, reforzar los programas de financiamiento hacia los productores y facilitar su acceso a ellos y con esto impulsar el desarrollo y tecnología en los procesos y establecer un programa de contingencias climáticas hacia los productores y apoyos económicos en caso de desastre, entre otros factores.

Lo más importante aquí es que ahora se necesita más apoyo ambiental y cuidado para la subsistencia del proyecto, tenemos que aprender a usar las políticas basadas en la planificación priorizando la inversión en este sector y asignar un presupuesto basado en las necesidades de los productores acuícolas.

No solo se realizó un ordenamiento territorial para saber cuántos productores existían y que tipo de producción tenían y que tan grande era el sector pesquero en el estado, apoyando para fortalecer la gobernanza y la coordinación multinivel, dando mediadas de intervención especificas en el sector pesquero y con ello formular políticas de abajo hacia arriba conociendo las problemáticas de los trabajadores de las UPAS y los empresarios de estas, así como sus consumidores finales.

Creando un marco para una visión a largo plazo, creando políticas públicas complementarias y compensatorias, creando territorios más funcionales promoviendo la gobernanza multinivel tomando en cuenta ODS Como la biodiversidad como es el objetivo 15 y el objetivo número 14 que es la vida bajo del agua y tomando en cuenta valores finales como el ODS13, que se basa en la acción climática, creando políticas y estrategias compartidas, designando financiamiento, generando compromiso con las partes interesadas en coordinación con la agenda 2030, con ello llegamos a la siguiente reflexión:

¿Cuáles son los factores internos y externos que aquejan a las unidades de producción acuícola de bagre de canal en la Zona Sur del Estado de Tamaulipas?

Unidades de análisis

18 unidades de producción acuícola de bagre de canal de la Zona Sur del Estado de Tamaulipas

Métodos e instrumentos de recolección de Información

El presente estudio es cualitativo de corte transversal y de tipo explicativo, esta investigación se enfoca principalmente en la identificación de factores internos y externos que aquejan a las Unidades de Producción Acuícola, mediante el análisis FODA, con los productores involucrados de los municipios antes mencionados, con la técnica de grupo focal se aplicó a productores, autoridades y comités relacionados con los cultivos de bagre de canal y se entrevistó a todos los productores que se relacionan con la acuacultura de bagre de canal en otros municipios del Estado de Tamaulipas como son Aldama, Soto la Marina y La pesca, entre otros.

Se realizó un análisis situacional FODA mediante SAGARPA, donde se realizó la técnica de grupo focal con los productores de las UPAS en la zona Sur del estado y nos dieron a conocer sus problemáticas, lo que destacaron la falta de tecnología, apoyo a productores con escasos recursos, campañas antivirales para los peces y la extensión de los fondos para desastres naturales.

Dentro del análisis se realizó la metodología de análisis situacional FODA, en la cual se realizaron los siguientes pasos:

1. "Identificación de atributos ambientales para el sector acuícola", consiste en un formato en el cual se describen los atributos.
2. Se identificaron las matrices de factores internos y externos que caracterizan las UPAS formato matricial en el que se ponderan con relación a su importancia contra cada uno de los demás resultados obtenidos.
3. Se realizo la identificación y la evaluación de los conflictos intersectoriales detectados.

Fase I. Conferencia de introducción

Se realizó una conferencia, donde se dio la explicación del por qué era necesario nos dieran a conocer las necesidades y el grado de importancia que tienen esas necesidades de su aplicación de la encuesta para detectar dichas problemáticas.

Fase II. Mesas de trabajo del grupo focal en donde se aplicó el análisis FODA.

Como primera actividad se pidió a cada asistente identificar a qué tipo de cultivo pertenecen (en su caso al bagre de canal).

En las mesas de trabajo se identificaron y registraron los atributos ambientales (referidos al medio natural, socioeconómicos y normativos sobre todo los relacionados con la demanda ambiental) que los asistentes determinaron como necesarios para lograr ver realizados los intereses del sector. Se les realizo las preguntas concretas y continuas, grabando su opinión, pero utilizando los factores que se localizaron en una entrevista previa antes realizada para obtener información más detallada de cada factor que dieron a conocer.

Posteriormente, en forma individual, se les pidió a los productores nos mencionaran en orden de importancia o prioridad de los atributos ambientales (naturales, socioeconómicos y normativos) para el cultivo de bagre de canal, realizando una comparación. Entre todos los objetos de estudio y ponderar la importancia de cada factor encontrado.

Una vez obtenidos los datos registrados en los formatos se realizó el proceso analítico jerárquico que "permite a los que toman decisiones representar la interacción simultanea de muchos factores en situaciones complejas y no estructuradas" (Saaty, 1997, p.18). La comparación de variables se hace por pares, simplificando la toma de decisión del evaluador.

Análisis FODA del sector acuícola

Para la generación de estrategias adecuadas es básico el análisis de fortalezas, oportunidades, debilidades y amenazas del sector acuícola del Estado de Tamaulipas y la región.

El FODA, abreviatura que significa: Fortalezas, Oportunidades, Debilidades y Amenazas, es una herramienta metodológica que permite identificar Información sobre las necesidades y problemáticas en sector acuícola y entorno de los productores.

El FODA permite el análisis y el diagnóstico de una organización, tanto en su ámbito interno (microambiente) Fortalezas y Debilidades, como en el externo (macro ambiente) Oportunidades y Amenazas con el fin de construir matrices que permite obtener los objetivos y las metas estratégicos de los productores acuícolas de bagre de canal.

Componentes del FODA

FORTALEZAS(INTERNAS): Son las aptitudes, habilidades y recursos, con los que cuenta la organización, así como las áreas, aspectos o servicios en que es fuerte con relación a las amenazas de su ambiente externo, por lo que puede aprovechar las oportunidades presentes o futuras, se dan a conocer como capacidades, habilidades, destrezas y acciones eficaces.

DEBILIDADES (INTERNAS): Son las condiciones, carencias o actividades internas que limitan, frenan el desarrollo de los productores acuícolas en el estado de Tamaulipas, se manifiestan como incapacidad y carencias.

OPORTUNIDADES (EXTERNAS): Representan, fundamentalmente las posibilidades de hacer, emprender o desarrollar; son eventos presentes o futuros para su realización, por lo cual es conveniente diseñar estrategias para aprovecharlas, se refiere a hechos y tendencias políticas, legales, científicas, tecnológicas, medioambientales, socioculturales y su posición en el presente o futuro. Se pueden considerar una especie de contribución gratuita por un ambiente favorable para que sea aprovechada por el sector acuícola del estado de Tamaulipas.

AMENAZAS (EXTERNAS): Integran las posibilidades que se presenten situaciones que suponen un riesgo para la organización, mostrando un efecto negativo, que son dañinos para el funcionamiento o la posición competitiva presente o futura de la unidad de producción (UPA), no siempre se posee la capacidad de enfrentar directamente la amenaza, ya que algunas veces se encuentra fuera de su alcance, sin embargo, puede reaccionar y adaptarse de manera estratégica a los factores cambiantes del sector acuícola.

Obteniendo los siguientes resultados:

Los resultados se presentaron en su totalidad para su análisis, discusión y aprobación, que consiste en comparar los datos obtenidos con estándares y relacionarlos entre sí, para sacar conclusiones al igual que la revisión por el participante (productor acuícola).

Mediante los resultados obtenidos en el análisis FODA se creó la identificación y generación de alternativas en este proceso, el cual consiste en la elaboración de planes de trabajo con cada productor acuícola, por muy sencillo que sea, son el resultado de un proceso intenso por parte de las organizaciones, que no están acostumbradas a reflexionar, analizar y proponer soluciones en forma colectiva.

En este paso se consideraron todos los puntos detectados, ya que si bien, solo tres o cuatro tienen prioridad en cuanto a que son la causa o el efecto de situación que presenta el caso, los demás puntos son los que de alguna manera participaran en la conformación de las alternativas de acción e incursionar en el proceso de toma de decisiones.

Tabla 1. Factores Externos Clave

ACTORES EXTERNOS CLAVE	ALOR	CLASIFICACIÓN	CLASIFICACIÓN*0.1	PONDERACIÓN
Amenazas				
1.-Enfermedades generadas por virus que afecten la producción.	0.09	3	0.3	0.0027
2.-Contaminación de los cuerpos de agua	0.08	3	0.3	0.0024
3.- Inseguridad en la zona	0.1	3	0.3	0.003
4.Disminución de la demanda ante la pandemia, restricciones de gobierno y cierre de sector turístico	0.15	3	0.3	0.045
5.-Venta de productos importados en la zona, ya que el precio del producto es más bajo que el nacional	0.06	2	0.2	0.0012
6.-Cambios repentinos de clima en algunas zonas	0.1	3	0.3	0.003
7.-Vías de comunicación y transporte en malas condiciones	0.03	1	0.1	0.0003

Oportunidades				
1.-Mayor promoción del producto	0.08	2	0.2	0.0016
2.-Programas de apoyo para impulsar la actividad implementando tecnología y distribución más eficaz	0.11	3	0.3	0.33
3.-Demanda del producto a nivelnacional alta	0.05	1	0.1	0.0005
4.-Programa para el mejoramiento de técnicas de producción	0.08	2	0.2	0.0016
5.-Aperturas de Nuevos Mercados, incluyendo la importación y exportación del producto	0.04	1	0.1	0.0004
6.-Capacitacion en el personal de las unidades de producción acuícola y personal de escasos recursos	0.03	1	0.1	0.0003
TOTALES				0.392

Fuente: (Elaboración Propia, 2020).

LA ESCALA DE CLASIFICACIÓN

VALOR	CLASIFICACIÓN
1	Poco importante
2	Regularmente importante
3	Importante

Gráfico 1. Factores Externos, Amenazas.

Fuente: (Elaboración Propia, 2020).

Gráfico 2 Factores Externos, oportunidades

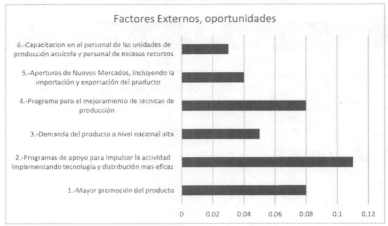

Fuente: (Elaboración Propia, 2020).

La matriz de evaluación de factores externos identifico como factores amenazantes que impactan en las unidades de producción acuícola, como son:

1. Las enfermedades generadas por virus de la propia especie.
2. Se identifico un nuevo factor, que es la disminución de la demanda ante la pandemia, mencionando problemáticas de demanda del producto por el cierre del sector turístico y las restricciones por el gobierno manera considerable afectando negativamente la demanda de la venta de pescado fresco y redirigiendo la venta en productos perecederos, enlatados y congelados.
3. Problemas por la contaminación de los cuerpos de agua
4. Cambios de clima en algunas zonas y no contar con un fondo de protección ante contingencias, esta problemática aqueja en mayor frecuencia a los productores

5. La inseguridad generada por grupos delictivos.

El gráfico generado los factores de amenaza tienen mucha importancia por lo que se debe atender de manera prioritaria para continuar mejorando este sector y donde Tamaulipas es líder a nivel nacional.

Se identifico que el factor 2, es el factor más importante que es la disminución en la demanda por el cierre de diferentes sectores han afectado en gran manera a estas empresas, UPAS, le sigue el factor 4, que son los cambios de clima en algunas zonas y no contar con un fondo de protección ante contingencias, esta problemática aqueja en mayor frecuencia a los productores comentan y lo ven muy necesario ya que la mayoría de los productores se encuentran a las márgenes de los cuerpos de agua los cuales en inundaciones y ciclones o cualquier otro fenómeno natural perderían gran parte de su producción o en su totalidad.

Otro factor que les aqueja a los productores son los factores de inseguridad en la zona ya que se encuentran en un corredor urbano y medio carretero muy transitado y que no cuenta con suficiente alumbrado público y con el mismo valor y no por ello menos importante son las enfermedades virales que afecta a dicha especie.

La matriz de evaluación de factores externos identifico, como factores de oportunidad que impactan en las unidades de producción acuícola, son:

1. Se identificaron como oportunidades a los programas de apoyo para impulsar la actividad implementando tecnología y distribución más eficaz, ya que la pandemia mermo la producción y distribución del producto en mayor grado,
2. Promover situaciones que propician un entorno de mejora en las unidades de producción.

3. Mayor promoción de la actividad, ya que Tamaulipas cuenta con los primeros lugares de producción a nivel nacional y en vistas a nivel internacional

4. Programas para el mejoramiento de las técnicas de producción, con el fin de que el producto mejore y proporcionarle el apoyo a los productores que económicamente no pueden hacerlo.

Tabla 2. Matriz de Factores Internos

EVALUACION DE MATRIZ DE FACTORES INTERNOS

FACTORES INTERNOS CLAVE	VALOR	CLASIFICACIÓN	CLASIFICACIÓN*0.1	PONDERACIÓN
FORTALEZAS				
1.-Mercado estable	0.1	3	0.3	0.003
2.-Demanda de producto todo el año	0.1	3	0.3	0.003
3.-Experiencia y conocimiento de cultivo	0.1	3	0.3	0.003
4.-Localizacion geográfica adecuada	0.07	2	0.2	0.0014
5.- Bioseguridad del producto	0.08	2	0.2	0.0016
6.-Tecnicas de cultivo bien establecidas	0.03	2	0.2	0.0006

DEBILIDADES				
1.-Falta de capacitación	0.2	3	0.3	0.006
2.-Falta de capacidad económica para mejorar los procesos	0.1	3	0.3	0.3
3.-Las unidades de producción no cuentan con la infraestructura eléctrica	0.08	2	0.2	0.0016
4.-Mala comercialización y mercadeo	0.06	1	0.1	0.0006
5.-Falta de utilización de tecnología para producción	0.04	1	0.1	0.0004
6.-No cuentan las unidades de producción de larva con laboratorios	0.03	1	0.1	0.0003
Se detecto la afectación de la distribución del producto por falta de mano de obra y restricciones gubernamentales	0.1	3	0.3	0.003
TOTALES	1			0.3245

Fuente: (Elaboración Propia, 2020).

126

Gráfico 3. Factores Internos, Fortalezas

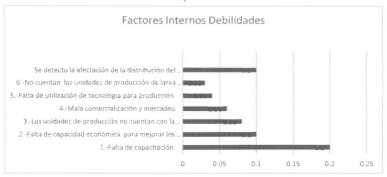

Fuente: (Elaboración Propia, 2020).

Gráfico 4. Factores Internos, Debilidades.

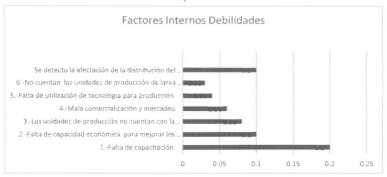

Fuente: (Elaboración Propia, 2020).

Como se muestra en la evaluación de la matriz de factores internos y en los gráficos, se identificó que es de importancia atender los factores de Fortalezas mencionaremos que, para que exista un mejor desarrollo de las UPAS en la Zona Sur, es necesario contar con programas que ayuden a todos los productores a que cuenten con esta fortaleza que es la experiencia y el conocimiento de cultivo de los productores, como segunda fortaleza es el contar con un mercado estable y demanda del producto todo el año, como ya mencionamos Tamaulipas es el mayor productor de bagre de canal en el país por muchos años, pero que este año esta afirmación no se cumplió en su totalidad por la pandemia, estas son las acciones que les identifico a los productores las cuales les permiten emprender a su unidad de producción, como tercer factor, se determinó como que existe bioseguridad del producto.

En la matriz de factores internos las debilidades más importantes y que los productores ven con gran interés para su mejoramiento por parte de los productores es, la falta de capacitación para las unidades con poco recurso y capacitación con nuevas técnicas, como segundo término es la poca capacidad económica que tienen las UPAS, como tercer factor Se detecto la afectación de la distribución del producto por falta de mano de obra y restricciones gubernamentales, seguido de carencias en la infraestructura eléctrica.

Como se muestra en las matrices de evaluación los factores externos influyen de manera considerable en comparación con los factores internos, a los productores acuícolas del estado.

Conclusiones y recomendaciones

El estudio aplicado ayudara a comprender, la importancia de las unidades de producción acuícola en el Estado y el País, como se mencionó anteriormente el Estado de Tamaulipas abarca más del 40% del mercado nacional e internacional, el conocer los factores que les aquejan y sus fortalezas, ayudaran a los Estados, Municipios y a los organismos federales, a conocer las problemáticas que les aquejan a los productores de bagre de canal, desarrollando estrategias que ayuden al desarrollo y crecimiento de dicho sector, beneficiando a la población del Estado. Empresas que se beneficiarían por el crecimiento de la producción del bagre de canal, mayor cobertura a nivel nacional mejorando el porcentaje actual del 40% de la producción nacional, esto ayudara a crear estrategias y mejores políticas públicas que ayudaran a llegar a esta meta propuesta con base a las propuestas de las personas (los pescadores) y conocer las necesidades mediante este análisis de la comunidad, mejorando y encontrando mediante este taller las problemáticas, tomando en cuenta las capacidades de cada productor acuícola, esto ayudara a tener una construcción entre pares del gobierno federal como es SAGARPA y los productores acuícolas, creando diálogos que construyan políticas públicas con libertad y respeto, tratando de conocer sus intereses y afinidades, adquiriendo una institucionalidad, mediante el entendimiento de los interese colectivos de los productores acuícolas en la Zona Sur del Estado de Tamaulipas, que se desempeñen como productores de bagre de canal, creando conciencia social de la importancia de cuidar al medio ambiente, ya que es una problemática en crecimiento y de gran valor para las mejoras del sector, conociendo sus problemáticas para tomar mejores decisiones e implementación de estrategias de crecimiento y desarrollo de dicho sector, encontrando posibles soluciones a las problemáticas encontradas como:

- Factores ambientales.
- Factores de vacunación para las especies.
- Políticas públicas para mejorar la distribución de la producción de las UPAS
- La asignación de recursos para los productores micros y los que tienen poca producción.
- Asignación de recurso al fondo de desastres naturales, ya que Tamaulipas tiene climas muy cambiantes.
- Creación de estrategias de crecimiento para detener crisis en el sector por la pandemia.

En base a los resultados que se presentaron en las matrices de evaluación se proponen las siguientes alternativas de solución:

- Implementar mayor número de programas de capacitación para los productores en prevención de enfermedades en su producción y técnicas manejo y tratamiento de aguas.
- Manejo de tecnología y distribución eficaz
- Implementación de apoyo económico, ayudando por medio de un estudio socioeconómico de los productores, ya que su demanda se ha visto muy mermada.
- Mayor promoción de la actividad acuícola y realizar programas de apoyo para impulsar la actividad.
- Reforzar los programas de financiamiento hacia los productores y facilitar su acceso a ellos y con esto impulsar el desarrollo y tecnología en los procesos
- Establecer un programa de contingencias climáticas hacia los productores y apoyos económicos en caso de desastres.

Lo más importante aquí es que ahora se necesita más apoyo ambiental y cuidado para la subsistencia del proyecto, tenemos que aprender a usar las políticas basadas en la planificación priorizando la inversión en este sector y asignar un presupuesto basado en las necesidades de los productores acuícolas.

Es un proceso dinámico de interacción que une a los agentes como los productores y las instituciones como SAGAPA por el gobierno federal, respondiendo a estrategias e incentivos, así generando infraestructura económica e institucional, generando un contexto de innovación en este sector.

Referencias

CONAPESCA. (2002- 2009). Anuario Estadístico de Acuacultura y Pesca. Mazatlán: Comisión Nacional de Acuacultura y Pesca. [http://www.conapesca.sagarpa. gob.mx/wb/]

CONAPESCA. (2010). BaseWeb2010. Base de Datos Anuario Estadístico de acuacultura y Pesca 2010. Comisión Nacional de Acuacultura y Pesca.

CONAPESCA. (2007). México en el contexto mundial. México: Comisión Nacional de Acuacultura y Pesca.

CONAPESCA. (2006). Programa Maestro Nacional del Bagre. México: Centro de Estudios de Competitividad.

CONAPESCA. (2008). Programa Rector de Pesca y Acuacultura. México: Comisión Nacional de Acuacultura y Pesca.

Comité Consultivo Nacional de Normalización Pesca Responsable. [http://www.conapesca.sagarpa.gob. mx/wb/cona/cona_comite_consultivo_na cional_de_ normalizacion_p]

Comité de Sanidad Acuícola del Estado de Tamaulipas (2006). BAGRE. .

Consultado en 25/01/09 en [http://www.cesatam.com/ p2004bb.html] Comités sistema producto

De la Lanza, G., & Arredondo, J. (1990). La Acuicultura en México: de los Conceptos a la Producción. México: Instituto de Biología, Universidad Nacional Autónoma de México Delgado, P. y S. Stedman.(2011) Humedales y peces : una conexión vital. Administración Nacional de los Océanos y la Atmósfera (NOAA). Disponible en: [www. nmf s.noaa .gov / hábitat]

Dirección General de Organización y Fomento de la CONAPESCA, así como del SENASICA, 2011, https://www.gob.mx/inapesca/acciones-y-programas/ bagre-de- canal

D.O.F.2013, el 06-06-12 Diario Oficial de la Federación, 2013, Actualización de la Carta Nacional Acuícola en el apartado Artes de Cultivo.

Flores Nava A. y Euán Avila J., Arriaga E., G.J. Villalobos, I. Azus Adeath y F. Rosado May (Eds.), 2004. El Manejo Costero en México. Universidad Autónoma de Campeche, SEMARNAT, CETYS-Universidad, Universidad de Quintana Roo. Pags. 551-560.

Mejía Mojica H., M. E. Paredes Lira y R. G. Beltrán López. 2013. Primer Registro y Establecimiento del Bagre de Canal Ictalurus punctatus (Siluriformes: Ictaluridae) en un Tributario del Río Balsas, México. Hidrobiológica 23 (3): 456-459

RAMSAR, 2000. RAMSAR WETLAND. Documento importancia de los humedales. ANEXO 1. Sistemas de clasificación de los humedales. Disponibles en: [http://www.ramsar.org/ris/key_ris.htm#type]

Reglamento de la ley general del equilibrio ecológico y la Protección al ambiente en materia de evaluación del impacto Ambiental -mayo de 2000

SAGARPA. (2011). Carta Nacional Acuícola. México: Secretaría de Agricultura, Ganadería, desarrollo Rural, Pesca y Alimentación.

Printed in the United States
by Baker & Taylor Publisher Services